# スポーツに恋して

感傷的ウォッチャーの雑食観戦記

篠原美也子

花伝社

スポーツに恋して――感傷的ウォッチャーの雑食観戦記◆目次

目　次

## Ⅳ　憧れと、悔しさと

# まえがき

1993年春にシンガーソングライターとしてデビューし、その年の秋から2年間、オールナイトニッポン水曜二部のパーソナリティを務めていた。二部なので、オンエアは深夜3時から5時。どうしても他の仕事で東京にいないという時、2回ほど事前録音で乗り切ったことがあったが、それ以外は2年間、生放送でしゃべり倒した。

有楽町のニッポン放送に、毎週水曜日、夜11時くらいに出勤。まだハガキの時代だったので、各コーナーに寄せられたハガキの中から、スタッフが採用候補として選り分けたものに目を通しながら打ち合わせ。ゲストがある時は、ゲストの方と打ち合わせ。そんなこんなで午前3時までを過ごす。

ちなみに私が二部を務めた2年間、一部のパーソナリティを務めていたのは松村邦洋さん。やさしくて、私のような新人にもきちんと接してくださって、大好きだった。よく、掛布さんのモノマネしてもらったなあ。

当時のニッポン放送はまだ、お化けが出るだのネズミが走るだの言われていた有楽町の旧社屋。古いビルの5階だったか6階だったか、隣り合ったふたつのスタジオと局スタッフのデスクが並んだフロアは、あちこちに物が積み上げられたり、入り切れずにあふれたり、放送局らしい混沌でいつもとっちらかっていて、番組が始まるまで時間が余ると、私はそこでよく、キャビネットの上とかに無造作に積まれていたスポーツ新聞を読んで過ごした。プロ野球、始まったばかりだったJリーグ、ラグビー、プロレス、大相撲、ゴルフ、その他もろもろに加え競輪競馬から芸能ゴシップ欄まで、一面トップから任意引退や登録抹消のベタ記事まで、眉唾ものの感動物語やら怪しげな暴露記事もろとも、とにかく隅から隅まで読むのが好きだった。

取り立てて心に残っている記事があるわけでもないけれど、そうか、あの頃から私のスポーツ雑食ぶりは始まっていたんだなあと思う。でも、いちおう期待の新人的にデビューして、音楽家は音楽を頑張らなきゃ、と、ストイックに考えていたので、スポーツが好きなことも文章がすこし書けることも、当時はあまり役に立ったことはなく、役に立てようと思ったこともなかった。

ここに収められた文章は、写真家・ノンフィクションライター宇都宮徹壱さん主筆の有料メールマガジン「徹マガ」に「篠原美也子の月イチ雑食観戦記」として連載されたものが中心となっている。宇都宮さんが書くサッカー記事のファンで、数年前にひょんなことからお付き合いさせていただくようになったのだが、私のスポーツ好きとブログやＨＰに書き散らかした文章を面白がってくださり、２０１３年の秋に思いがけず連載のお話をいただいた。

私はその年の春にデビュー20周年を迎え、記念のアルバムや記念のツアーでバタバタの真っ最中。でも、節目の祭りのあとの目標を見失っていた時期だったので、これはもしかしたら何かのタイミングかもしれないと思い、お話を受けさせていただいた。何より、好き勝手思うがままに、自画自賛だけであてもなく書いてきたものを、尊敬する書き手の方が認めてくださったことが素直にうれしかった。

13年10月に連載スタート。明けて14年は結果的に秋口まで音楽はお休み状態となり、月にいちど徹マガの原稿を書き継ぐことだけで乗り切った。私がヤケを起こさず、ものを感じることや表現することをあきらめずにいられたのは、ひとえに徹マガのおかげだったと思っている。その日々がいま一冊の本になった。

もうふた昔も前、ニッポン放送の雑然としたフロアの片隅でスポーツ新聞を読むのが好きだったドラ１ルーキーは、その後期待に応えられずメジャーから戦力外通告を受け、肩も肘もポンコツなれど往生際悪く歌い続けて現在に至っている。そのあいだもずっと、スポーツは変わらずにそばにあった。あらためてラインナップを眺めながら、こりゃやっぱりスポーツ新聞だな、やっと役に立ったなと苦笑する次第である。

届きますように。

篠原美也子

2015年　折り返しを過ぎた夏に

# I

# 雑食観戦の日々

# 1　楽天初優勝の夜に

世代的には完全にプロ野球である。

物心ついた頃から、横浜出身のくせに筋金入りの虎キチだった父親と一緒にナイター中継を見ながら育った。最初の記憶は、長嶋90番の初年度、ジャイアンツが球団創設以来初の最下位に沈んだ年だから、１９７5年ということになる。あまりにも弱いので応援し始めちゃったという感じで巨人ファンの端くれとなり、父親の勤め先が水道橋で、後楽園球場（現在の東京ドームシティ）のすぐ近くにあり、会社で年間予約シートを持っていたことから球場にもずいぶん連れて行ってもらった。

まだ小学生で、休みの日に行ったから、だと思うのだが、デーゲームの記憶が多い。屋

根のない後楽園球場。内野席の上の方から見たスコアボード越しのぱかっと広い空と天然芝のグラウンド。外野席に応援団はいたけれど、いまみたいにメガホンとか応援グッズなんてなくて、じっと座って、でもワクワクしながら、まわりの大人と一緒に拍手をしたり、時々あっと声が出たり、そんなふうに野球を見ていた。

ジャイアンツのトップバッターは俊足の柴田、クリーンナップは張本・王・淡口、エースピッチャーは堀内、という時代。その後ジャイアンツは最下位から息を吹き返し、やがて後楽園球場が東京ドームになってからも何度も足を運んだけれど、あのどこかくすんだ色合いの70年代プロ野球の記憶は、いまも胸のどこかにこびりついている。こういうの、ノスタルジーと呼ぶのだな、きっと。あの頃は、とか言うようにはなりたくないと思っていたのに、歳を取ったのかと苦笑しつつ、でも振り返るべき記憶を持ったんだと思えば悪くない、と慰めつつ。

## 久々のプロ野球観戦に浦島太郎状態

時は流れて2013年9月26日、夜。そういえば、と思ってテレビを点けると、ちょうどピッチャー交代の場面。「ピッチャーは斎藤。背番号44」。斎藤って、タカシ？　日本にいるの？　しかも楽天⁉　と驚きながら、自分のプロ野球浦島太郎っぷりに思わず嘆息した。

楽天である。舞台は西武ドーム、対西武。マジック2。対象チームのロッテが敗れて自分たちが勝てば優勝という試合はすでに終盤。スコアは4-3で楽天リード。8回裏一死からリリーフした斎藤隆は元気そうだった。43歳。年取ってからメジャーに行って予想外の活躍、という姿はちらちら見ていたけれど、私にとって斎藤隆はやはり、横浜ベイスターズのエースとして、98年に38年ぶりの優勝で権藤監督を男にしたピッチャー、である。

1998年という年は個人的にいろいろあり、どちらかと言えばしんどさに於いて忘れ難い年で、その記憶の背景にマシンガン打線権藤ベイスターズ優勝フィーバーがもれなく重なるので、余計に印象が強いのだが、しんどい記憶の件は置いといて、とにかく久しぶりに斎藤隆を見ながら私はそんなことをつらつら考え、最後は三振でぴしゃっと押さえて吠える姿に、ちょっと胸が熱くなったりした。

8回を終了し、9回表楽天の攻撃は三者凡退。ここで、ロッテ敗れるの一報。マジック1。画面には、口を真一文字に引き結びブルペンから満を持して拍手で送り出される田中将大。所沢の夜空に、いたずら好きの勝負の神さまが、ひらり。

## 「線」で見る楽しみと「点」で見た時の衝撃

野球に始まり、ボクシング、ラグビー、テニス、あとスポーツじゃないけど競馬。90年代から21世紀になるくらいまでの間、ヒマを見つけては、仲間たちと、時にはひとりで、スタジアムに、後楽園ホールに、競馬場に足を運び、観戦後はたいがい居酒屋の藻屑と消え、家にいるときは、一杯飲みながら料理をして、のんびりナイター中継を眺めるのが至福の時間、という日々を送っていた。

この間私は、いちおうプロのシンガーソングライターとして仕事をしていて（いちおういまもそうです）、売れない歌手だったからヒマだったんだよなあと思うけど、いま思うと笑っちゃうくらい全力でスポーツ観戦にうつつを抜かしていたなあとあらためて驚く。そしてその中でなぜいちども「Jリーグ見に行こう」という話にならなかったのか不思議でならないのだが（笑）。

そんな日々がきれいさっぱりリセットされたのは02年、子どもが生まれたからである。泣いてばっかの小さい生き物にひたすら追いまくられ、野球もラグビーもついでに飲み会も、「それどころではないシール」を貼られて戸棚の奥深くしまい込まれることとなった。

小さな子どもがいたら、夜7時はもはやゴールデンタイムではありえず、真っ先にナイター中継から遠ざかった。

秩父宮ラグビー場も後楽園ホールも過去の栄光。週末の府中で昼間っからビール飲みながらターフを眺めるなんて夢のまた夢。テニスをなんとか見続けられたのは、もともとテレビで見るしかなかったことと、私の好きな全仏・全英が、時差の関係で中継が深夜だったからだ。実際はそんなこと思うヒマもなく日々に追われていたけど。あれから11年。その間にいろんなことが変わって、気が付けばもう見たくてもナイター中継なんてやってない日の方が多くなった。


これを抑えれば楽天初優勝が決まるという9回裏。事前に報道されていた通り、マウンドには24勝0敗の田中将大。ここで登板となるあたりが、やっぱりそういう星のもとに生まれた人なんだなあと思った。結構な浦島太郎でそこに至る道のりをろくに見てもいないくせに、こんないい場面に出くわしてしまったことが、後ろめたいような申し訳ないような、でもやっぱあたし持ってるし~とガッツポーズしたくなるような気持ちになりながら。

スポーツは、それまでの過程を踏まえて目の前の勝ちや負けの意味を考えたり背景を想像したりするのが楽しいので、出来ることなら、線、で見て、継続的に一喜一憂するのが正しいと思う。ゆえに、いちど線が切れてブランクになってしまうとなかなか戻れないのだが、時折このように、どうしようもなく輝く、点、を目撃してしまう瞬間があって、それはもう、ご縁と言うか、ありがとうとしか言いようのない瞬間だ。きゅるきゅるきゅると音を立てて、自分が巻き戻されて行く感じ。ああそうだ、私スポーツ好きだったんだ、好きでよかった、忘れてなくてよかった、と胸を撫で下ろす幸福感。

ピッチャー田中。初優勝まであとアウト3つ。点差は1点。先頭バッターにこつっと当てられて内野安打。次の打者にはフォークを見られてフォアボール。長打なら同点どころかサヨナラという絶体絶命の場面。オールドタイマーのスポーツファンに、思い出すな、と言う方が無理である。故・山際淳司さんの名作「江夏の21球」。34年を隔ててつながれる、輝く点と点。西武ドームのバックスクリーンあたりでくすりと笑った勝負の神さまは、意外とロマンチストなのだ。

## パ・リーグの試行錯誤にJリーグの2ステージ制を想う

ところで「江夏の21球」の舞台は、1979年の日本シリーズ。当時のパ・リーグは、前期後期の2シーズン制だった。調べてみたら、2シーズン制の採用は73年から82年。採用理由は人気低迷へのテコ入れ。パシフィック・リーグのウィキペディアを見たら、70年代は「暗黒時代」と名付けられていた(笑)。

その後、西武黄金時代やイチローの登場もあり、いまでこそ、楽天だの、日ハムだの、ソフトバンクだの、人気も実力もセ・リーグと遜色ないが、確かに私が子どもの頃のパ・リーグの人気のなさは、そりゃもう尋常ではなかった。テレビでパの試合なんて見たことなかったし。ゆえに親会社がどんどん力尽き、身売りをくり返し、いまのパ・リーグの球団で創立以来親会社が変わっていないのは、04年創立の楽天だけだそうだ。

折しもいま、2シーズン制導入騒動に揺れているJリーグ。大きな理由としてはやはり観客動員の目減りを防ぎたいということである。このご時勢、そのものに振り向いてもらって、しかも足を運んでもらうということは、信じられないくらい至難の業だ。そして、それを打開する有効な策など、実はいっこもないのだ。音楽も然り。足を運んだもん勝ちだと信じている。でも、いいものさえやっていればちゃんと客は入る、みたいな寝言を信じるつもりもない。だから、苦し紛れでも、悪あがきでも、何か手を打とうとする人たちのことを私はあまり責める気になれない。

Jリーグ前後左右の事情に明るくないし、熱心なサポーターでもないので当たり障りのないことしか言えないけれど、誰もが納得出来る手立てなどないから、出来るだけすくない誤解で、お互いのくるしさを察し合っていい方向に進めばいいなあと思うばかり。器を作る人たちには器を作る人たちのご苦労があることと思うが、どうか知恵を絞って力を尽くしてくださいと願う。お客さんのためだけではなく、実際にプレーする選手たちのためにも。

正しいとか間違ってるとか、すぱっと断じてしまえば楽になる。でもそんな簡単に言えないからみんなくるしい。勝つのも負けるのもある意味たやすい。難しいのは、そして大事なのは継続すること。パ・リーグだって、息も絶え絶えになりながらなんとか続けたおかげで、イチローを授かったわけだし。

いまどき、たいていのものは、わざわざ足を使って動かずとも手に入る。ポチッとひとつお買い物をすれば、ということはほらあなたこれも好きでしょきっと、と頼んでもいないのにご丁寧に商品リストのメールをいただける時代である。だからこそ、手間ひまかけて見つけること、自分から好きなものを取りに行くことの素敵さを伝えたいと思うけれど、伝えるための便利なツールはたくさんあるよと言われるけれど、伝えたいのは情報ではなく心だ、と思う時、どうしようもなく途方に暮れてしまう。

歯がゆいけれど、結局、前後左右関係なくサッカー選手はサッカーをやるしかないし、音楽家は音楽をやるしかない。そういえば、と久しぶりに点けたテレビで、思い立って出かけたスタジアムで、ライブハウスで、その甲斐があったと言ってもらえる価値のあるプロの表現者でありたいと願いながら。

大ピンチを背負いながら、最後は圧巻の二者連続三振でゲームセット。すべてストレートだった田中将大の8球。きまぐれな勝負の神さまは、ひらひらと手を振りながら次の現場へ飛び去って行き、私はなんとなくしてやられたような気分で苦笑する。これだから困る、スポーツはホントに困る困るとぶつぶつ言いながら、星野監督の優勝インタビューを横目に、インターネットでCSの日程をそっとチェックする。

これはレポート？　オマージュ？　ノスタルジー？　いいえ、いるのかいないのかわからない勝負の神さまと、あざやかではかない一瞬に宛てた恋文です、きっと。

# 2　祭りのあと

　基本的にピアノの弾き語りというスタイルでライブをやっており、ワンマンともなると20曲近くを歌い、MCで喋り倒すので、本番に向けてはそれなりに準備でバタバタになる。曲を選び、パズルのように入れ替えたり戻したりしながら曲順を考え、練習しながら、ギリギリまであーでもないこーでもないは続く。煮詰まったりもするけれど、ひとりでうひひとかいひひとか言いながら、頭の中で妄想的にライブをシミュレーションするこの時間は結構楽しい。目の前の本番のことだけで身体中がいっぱいになる刹那の時間。妄想の中の私はピアノの達人だし、音程外したりしないし。

　でも時々、ふっと本番の向こうが透けて見えてしまうことがある。集中すればするほど、終わったら淋しくなるなという確信にも似た予感が胸をよぎる。祭りの後の淋しさが、と歌うふるい歌があった。淋しいから歌って、終わればまた淋しくなって、そのくり返し。でも、だからどうなる、何がどうなる、とか考えたら、やれない。モノを作るということも、たぶんスポーツも。

ハンマー投げの室伏広治選手が、いつだったかのオリンピックのあと、「4年間準備して、本番は1時間くらいですよ、わははは」とゴーカイに笑っていたのを思い出す。その愚かさにも似た強靭さを、人は才能と呼ぶのかもしれない。

## 普段は見向きもしないくせに、と叱られそうだけれど

2010年のバンクーバーオリンピックで、腰パン騒動、という少々残念な注目のされ方をしてしまったスノーボードが、14年ソチでは存分に吠えた。日本勢メダル第一号は、男子ハーフパイプ平野歩夢選手の銀と、同じく平岡卓選手の銅。実況の解説をされていたのはたぶん強化委員長の尾形修さんだと思うが、感極まった声で「スノーボードが(メダル一号)ですよ」とおっしゃっていて、じんわりとご苦労が偲ばれた。

15歳と18歳の滑りは、何せ、軽やかだった。メダル取ったはいいけど、オリンピックの

喜び方ってよくわかんねーし、みたいな、彼らなりの緊張してる感じもかわいらしかった。ま、基本的に〝YO〟だし、ウエア迷彩とかだし、滑る前にPV流れるし（笑）、エンターテインメント性が強いから、純粋なスポーツとしては軽く見られたりしてきたのかもしれない。でもその分、余計なものを背負うことなく、だからあんなに高く跳べたのかなあ。

スノーボード女子パラレル大回転で銀メダルに輝いた竹内智香選手。新種目のフリースタイルスキー女子ハーフパイプで銅メダル獲得の小野塚彩那選手。マイナー競技で、世間的にノーマークだった選手の思いがけない活躍は、なんだかちょっとうれしい。うおりゃ、ザマーミロ！　だよねえ、と思いきや、それぞれのコメントは、自分のメダルのことより競技の普及を願い、後進を思う気持ちにあふれたもので、ちょっと胸を突かれた。

立派だなあと思った。でも、その立派な態度の奥に透けて見えた痛ましさを、忘れてはいけない、とも思った。マイナースポーツであるが故の報われないせつなさが、彼女たちを立派にしてしまった。私たちにとってオリンピックは4年にいちど（夏も合わせれば2年にいちど）の点だが、選手たちにとっては延々と続く線だ。

普段は見向きもしないくせに、と叱られそうだけれど、手にしたメダルがすこしでも道の先を照らしますように、と心から願わずにいられない。「長野オリンピックを見て感動して競技を始めた」と言っていた選手が何人もいたように、今回も、あなた方の姿がきっかけで道を見つけた次の世代がきっといますよ、きっと。

これまた、オリンピックでしか見たことない、という面目ない次第ではあるのだが、「氷上のチェス」カーリングは面白い。根っからの戦術・戦略音痴で、チェスはおろか将棋も囲碁もオセロすらも全く駄目なので、いつまでたってもストーンを次にどこへ投げるのかさっぱり読めないくせに、長野オリンピックの時に主将を務めた敦賀信人さんの、淡々とわかりやすくて、でも愛情と熱意のこもった素晴らしい実況解説に耳を傾けながら多いに楽しんだ。

はりつめた緊張感と静けさがいい。音もなく滑るストーンに投げる声の鋭さがいい。止まれと願い、曲がれと祈り、最後に相手のストーンを捉えた時の、ちいさな、でもよく響く足音のような音がいい。大差がついたら潔くギブアップという仕組みもいい。日本チームは、しっかりメイクが伝統になりつつあるのもいい（笑）。

もともと控えだった吉田知那美選手の奮闘は素晴らしかったけれど、異国でインフルエンザに罹ってしまった小野寺佳歩選手はどんなに悔しかったことだろう。予選リーグを突破出来なかったのは残念だったけれど、堂々の5位入賞。おつかれさまでした。で、これは選手とも競技とも全然関係ないけれど、「カーママ」って、どうなんでしょうね。カーパパはいないの？　おばあちゃんになってもやってたら、カーババですかね。

# 浅田真央というロックンロールを聴いた夜

もうすぐソチとワクワクしながら、フィギュアスケートについて書いた（Ⅲ－2　オンリーワン、ナンバーワン）2か月前が、遥か昔のことのように思える。あの時なんとなく思い描いていたものと実際にこの目で見たものがあまりにもかけ離れていたからだ。トップを争って来た同い年のふたりのスケーター。ともにここを一期と定めた大会。きっとい対決になる。願わくは、お互いに悔いなく、さらに願わくは真央ちゃんに戴冠の栄誉あれ、な－んて、うっとりと物語を妄想していた私はほんとうにおめでたかった。ああ、ほんとうに。

浅田真央vsキム・ヨナ。フリーに限って言えば、142・71対144・19。お互いにノーミスでほぼ完璧に滑って、やはりキム・ヨナ選手がわずかに上を行く、というのが答えなのだなと思う。後日家族とあれこれ話していて、ああそうかと気づいた。キム・ヨナ選手のフィギュアスケートは王道、しかも超ハイレベルな王道なのだ。テニスで言えばフェデラーのような。

元世界王者でグランドスラム最多優勝記録を持ち、現在もトッププレーヤーのひとりであるロジャー・フェデラーのテニスを見ていると、なーんかテニスって簡単そうね、と思うことがよくある。実際は逆で、あまりにも上手いので、ものすごい難しいことやっても簡単にやってるように見えてしまう、ということで、全盛期のイチローの「なんか簡単にヒット打つなあ」という印象にも似ている。洗練の極み。もう常人にはわからない特別な領域。

キム・ヨナ選手のスケートにも同じことが言えるような気がする。それゆえ、絶対的な安定感が、技術の高さと言うより無難さに見えてしまったのは、彼女にとって皮肉で、不運だった。私自身ライブで見ていたが、正直、浅田選手の劇的なフリーで盛り上がり倒したあとだったし、まあ普通ですな、くらいにしか思わなかった。あらためて考えてみれば、その普通こそが普通じゃなかったんだよなあ、といまは思えるけれど、もしかしてもうそういうことにうんざりしたからやめようと思っちゃったのかなあと、フリーの点数が出た時のキム・ヨナ選手の冷笑のような表情に思いを馳せる。

浅田選手もトップクラスのスケーターとして、長年の凌ぎ合いの中で、同じことをしても駄目だと気づいていたと思う。バレエダンサーの表現力、女優の演技力、王道で勝負してもかなわない。だからこそ相手にはない自分だけの存在意義としてジャンプにこだわったのではないかと、想像する。

いずれにせよ、2カ月前の私の呑気な予想をはるかに超えるそれぞれの闘いを見せてもらって、よかったなあ、ありがとうだなあとしみじみ思う。美しさを数値化するむなしさも感じたけれど、競い合う中で際立つ美しさも確かにあると感じた。ややこしくなったのはロシア人がやり過ぎたからだ（笑）。ソトニコワ選手は素晴らしかった。あの流れの中では、金メダル持ってってもおかしくない勢いだった。でもホームの利を差し引いても149点はやり過ぎだろ、おい。

どん底のショートから空まで駆け上がるようなフリーへの2日間、浅田選手にとってはどんなにかしんどかったろうと頭が下がるが、フィギュアの神さまはふさわしい花道を用意してくれていたんだなと、感傷的スポーツウォッチャーはこっそり感謝する。燃え尽きるのではなく、叫んでも叫んでも燃え残るものをロックと呼ぶ。この先何かあった時、きっと思い出すだろう。2014年2月20日、美しいらせんを描く、浅田真央というロックンロールを聴いた夜。

## スポーツを見ることと「物語」を追いかけてしまうこと

ソチ開幕直前のゴーストライター騒動。フィギュア男子高橋大輔選手のショートプログラムの曲が該当ということで、ずいぶん話題になった。問題の作曲家は、耳が不自由なことから「現代のベートーベン」という惹句で注目を集め、作品は感動を呼んだという。

覆面作家がいたということ、さらに耳の不自由さの程度にも疑問が呈されるに至って、多くの人が憤った。憤りの中身は、自分が信じた「物語」に裏切られた、という悔しさであったと思う。純粋に作品だけで納得させられればそれに越したことはないが、各種情報が乱れ飛ぶこのご時勢、人目を惹く物語が背景にあればなお良しという売り手側の作為に、まんまと引っかかってしまったというバツの悪さが、怒りに拍車をかけた。私も音楽家の端くれなので、エンタメに於いて伝え方にある程度のあざとさはつきもので、発信する側と受け取る側双方の幸福な誤解で成り立っている部分があると理解しているが、あれは、とは言えやり過ぎると面倒なことになりますよ、という騒動だったと思っている。

スポーツを見る、ということも、言い換えればその競技と競技に関わる人々の物語を見る、ということで、だからこそ、ジャンルや勝敗を超えて共感も感動も生まれる。でもたとえ審判を買収出来たとしても、代わりにトリプルアクセル跳んでもらうわけにはいかないので、結局ガチの一発勝負、嘘が入りづらいというのが、スポーツのいいとこだなと思う。

ライバルとの頂上対決、というだけで、浅田選手の最終章はすでに十分過ぎるほどの物語性を持っていたが、さらにそこには誰ひとり想像出来なかった展開が待ち受けており、それがメダルさえ色をなくすほどドラマを劇的に増幅させた。そういう意味で、実力的には上回っていたものの、今回のキム・ヨナ選手には物語が足りなかったということなのかもしれない。でも、宿命のライバルとか、バンクーバーの雪辱とか、世間が作った薄っぺらな物語なんか及びもつかないくらい、胸に沁みるクライマックスだった。嘘もいんちきも入り込む余地のない、本物の物語を見届けたという幸福感だけがそこにはあった。

ついに届くことのなかったメダル。笑顔が素敵な人はたくさんいるけど、泣き笑いがこんなに素敵な人はこの人しかいない。ひとつのことをずっと好きでいる才能。その思いは、どんなエアよりも高く、どんなメダルよりも重く。フリースタイルスキー女子モーグル上村愛子選手、おつかれさまでした。

ＮＨＫ工藤三郎アナウンサーのいたわりに満ちたインタビューで、本人より先に私が泣いた。まさかの4位に終わった女子ジャンプ高梨沙羅選手。17歳。まだまだ育つ。おつかれさまでした。悔しさを胸に、4年後へ。

人間には出来ることがふたつあると常々思っている。ひとつは、ひとりでしか出来ないこと。もうひとつは、ひとりでは出来ないこと。個人の時は笑顔、でも団体は号泣。わかる、その気持ち。レジェンド葛西紀明、41歳。お見事でした。やめる気ゼロだし（笑）。

フィギュア男子羽生結弦選手。ゲイリー・ムーアの泣きのギターをバックに圧巻のショートプログラム。海外の皆さま、バレエでもダンスでもないんです、これはジャニーズという日本の伝統芸能なんです（笑）。

祭りは終わり、いったんリセットされた淋しさは、次の淋しさに向け、たぶんもう走り始めている。それぞれの「物語」とともに競技を生きた選手の皆さんに、極東のスポーツバカより、心からの感謝と拍手を。

# 3　ワールドカップの思ひ出

ワールドカップ・ブラジル大会開幕直前。堂々の5大会連続出場となったサッカー日本代表は、これを書いている現在、事前合宿地であるタンパでのコスタリカ戦、ザンビア戦、ふたつのしびれるテストマッチを終えて、いよいよ本番の舞台ブラジルに到着したという。

音楽で言えば、ゲネプロ（最終リハーサル。大掛かりなものだと、本番と同じ会場で、照明も音響も演奏も本番通りに行われる）を終えて、ホントの本番に向けて各セクションが最後の修正や準備をする時間かなと思う。考えに考えたはずのセットリストをもう一回睨んで、イメージを確かめながら、曲順をいじってみたり、時には思い切って曲を差し替えてみたり、晩酌をちょっとだけ控えて早寝してみたり（笑）、とことん弱気に沈んでみたり、半ばやけくそ気味に開き直ってみたり、要するに最後の悪あがきの時間。ここでの往生際の悪さが吉と出るか凶と出るか、それは幕が上がってみないとわからないことだけど。

体調を危惧する声に答えた本田圭祐選手の、「今、自分自身がここにいるということだけで十分なんじゃないかと思う」という言葉がなんだか胸に沁みた。本番を前に、天秤の両端でゆらゆら揺れる不安と希望。曲を差し替えるのとはわけが違う。ワールドカップは4年にいちど満ちる月。それぞれに抱いたそれぞれの月をそこに合わせられるかどうかは、幕が上がってみないとわからない。ひとの月が厄介なのは、いつ満ちるかわからないこと、そして、いちど欠けたら再び満ちるかどうかわからないということだ。

## メンフィスで見たフランス98

私は93年春、Jリーグスタートと同じ時期にデビューしたので、これまでの4回のワールドカップは、私の歌の日々のあちらこちらに、重なるように点々とちりばめられているんだなあとふと気づいた。

もっぱら昭和のプロ野球で育ったので、サッカーはまるで門外漢。私にとってサッカーというスポーツの始まりはＪリーグの始まりであり、「ワールドカップ」という言葉を初めて意味のある単語として聞いたのも、Ｊリーグ発足以降のことである。なので、意識的に認識した最初の大会は94年のアメリカ大会ということになるのだが、なんかワールドカップってすごい大会があってなんか日本も出られるかもしれないらしいよ、でもオフサイドって何？　とか言ってるうちにドーハの悲劇でどっかーん。本大会も見なかったし、初のフットボールの祭典の記憶は、なんかとにかくすごい大会があるらしいよと慌ただしく勉強したのみでフェイドアウトとなった。

デビューして日が浅く、まだ仕事が忙しかったこともあり、次はフランスなのねとのほほんとしていたら、96年、次の次02年のワールドカップが日韓共催となることが決まってびっくり。また、同年のアトランタオリンピックでは、ブラジルにまさかの勝利という「マイアミの奇跡」が起こってこれまた超びっくり。いちおうオフサイドは理解し、次、ボランチって何？　というあたりをうろうろしていた私も、息が止まりそうな気持ちでテレビ観戦していた。この頃、前園真聖選手はすでに有名だったけれど、同じＭＦにどっしりした体つきの若い子がいて、素人目にもこの子すごくうまいなあと思った。当時19歳の中田英寿選手だった。

このあと歴史は「ジョホールバルの歓喜」へと続き、野人岡野伝説とともに臨んだ初のワールドカップ、98年フランス大会。実はこの大会も本大会をほとんど見ていない。ちょうど大会期間に重なる日程で、アルバムのレコーディングのためメンフィスにいたからだ。キッチンの付いた滞在型のホテルの部屋で、テレビのスポーツニュースに代表GK川口能活選手が映っているのを見て、ああ、ワールドカップやってんだ、と思ったのを覚えている。アメリカではやはりその時期に行われていたNBAプレーオフの方が断然盛り上がっていて、アメリカ人のミュージシャンやエンジニアたちはサッカーのサの字もなく、寄ると触るとバスケットボール談義。おりしも97～98年は、シカゴ・ブルズのマイケル・ジョーダンが最後の輝きを放ったシーズンだった。

海外レコーディングと言えば聞こえはいいが、その頃私のキャリアはすでにどん詰まりに差しかかっていて、この時制作した6枚目のアルバムを最後に、翌99年メジャーを離れることとなる。大西洋を隔てたフランスで日本代表があえなく3戦全敗を喫していた頃、私はエルビスのふるさとで自分のロックンロールを見失い、強がりながら途方に暮れていた。

## 「日本が勝ち進んだら大変だ！」

とにもかくにも本選初出場を果たしたフランス大会を終え、日本のサッカー時計の針は一気に02年の日韓共催大会を目指すこととなる。その道の途中、00年シドニーオリンピックの男子サッカー。予選リーグを勝ち抜き、迎えた決勝トーナメントの対アメリカ戦はよく覚えている。この日は本番日で、ステージに出る前はリードしていて、本編終わって袖に戻ったら同点になっていて、アンコール終わって袖に戻ったらPKで負けていたからだ。でも、中田英寿、高原直泰、稲本潤一、中村俊輔、日出ずる国のサッカー少年たちはみんなキラキラして、2年後に向けて胸を張っていたっけ。

スポーツ新聞からノンフィクションまで、スポーツについて書かれたものを読むのはずっと好きだったが、ワールドカップが日本にやって来る、と蹴球熱が急上昇していた世紀末から新世紀にかけての頃、急激に増えたサッカーに関する記事は、私の印象では高飛車というか上から目線のものが多くて、ちょっと辟易させられた。批判も議論も結構。単純に好みの問題なのかもしれないが、でもこの人たちなんでこんなに威張ってんの!? といつも思っていた。

その後急速にインターネットの時代となり、ネット上でさまざまな記事を読むことが出来るようになり、その中である日、スポーツナビの「宇都宮徹壱　日々是コラム」に出会うこととなる。厳しいことが書かれてあっても、そこに必ずサッカーとサッカーに関わる人たちへの敬意と愛情が透けて見えた。だから、「ああ、この人の書くものは信用出来る」と思った。そんな一読者に過ぎなかった私が、ご縁をいただき、いまこうして宇都宮さん主筆のメルマガで好き勝手書き散らかしているのだから、ほんとうに人生はわからない、とまあこれは余談。

02年日韓共催大会。トルシエジャパンは、初めて見る、世界と戦える日本代表、だった。スーツのよく似合うフランス人指揮官の、フラットスリー、という言葉に、何何何？　と胸がわくわくした。そのフラットスリーの一角を担っていたのが、松田直樹選手だった。長身、長髪をヘアバンドで押さえて、カッコ良かったな、すごく。

日本はベルギーと引き分け、ロシアに勝ち、チュニジアにも勝って、見事初の決勝トーナメント進出。この年の春私は結婚して、当時4カ月の妊婦。式も披露宴もやらず、唯一友だちとのパーティだけすることになっていたが、気がつくとパーティの日と準々決勝の日が重なっており、もし日本が勝ち進んだら大変だ！　と大騒ぎでパーティの日程を変更した。結果的に日本は雨の宮城スタジアムでトルコに敗れて準々決勝には届かずということとになるので、日程変更騒動はほろ苦い笑い話、でも忘れ難く。

あの時、頼む、妊婦、靴下履いてくれ、と友だちに心配されながら、はだしでフローリングの床を飛び跳ねて日本代表を応援する私のお腹にいた息子は、いま11歳半で、記憶に残る初めてのワールドカップを心待ちにしている。

## アルバム収録中に観た本田の「祝砲」

子育てと音楽にひたすら追われまくっていたということもあり、芝生の緑も、空の青も、にじんだようにやたら濃かった、ということしか覚えていない06年ドイツ大会。6月22日、ドルトムントのワールドカップ・スタジアムで、ブラジルとの最終戦に敗れ1次リーグ敗退が決まった瞬間、ピッチに仰向けに倒れ込んだ中田英寿選手の目には、何が映っていたのだろう。そしてあの時中田選手は、光をさえぎってくれるはずの誰かの影を、手を、声を、待っていただろうかと、いまこれを書きながらも、振り仰ぐように思う。

徹マガのコラムでもお馴染みの千田善さん。あらためて言うまでもないが、オシム元日本代表監督の通訳を務められた方である。ここ1年ほど親しくお付き合いさせていただいているが、ある時ふとお聞きしてみたことがある。「千田さん、やっぱり、オシムさんと南アフリカに行ってみたかったなあって、思います?」「そうねえ」千田さんはちょっと遠い目になって、「あの時は、病院とか看病とか、そっちがとにかく大変だったからねえ」とだけ、おだやかに笑いながらおっしゃっていた。

思いがけないかたちでの監督交代、なかなか合わないチームのフォーカス、期待と失望の矢を受けながらの険しい道のりを経て、さまざまな思いとともに、10年、岡田武史監督率いる日本代表は、ブブゼラ響くアフリカ大陸最南端の国へ。

この時私はアルバムのレコーディングをしていて、初戦のカメルーン戦、本田圭祐選手のゴールは、最終工程のマスタリングという作業を行っていたスタジオのテレビで観た。ちょうどほぼすべての作業が終わったところで、あ、シュート入った! という展開に、アルバム完成浮かれポンチになっていた私は、まるで祝砲じゃん! と勝手に感激した。続くオランダ戦に惜敗するも、本田・遠藤両選手の輝くようなフリーキックでデンマークを下し、決勝トーナメント進出。ばらばらのかけらだった青が、1試合ごとに雲が晴れ、つながっていくような日々。ベスト8をかけたパラグアイ戦、最後はオシムさんの嫌いだったPK戦でついに満天の青となり、宇都宮さんが「冒険」と呼んだ日本代表南アフリカでの闘いは幕を閉じた。

そしてその青の陰で、満ちることのなかった中村俊輔選手の月に思いを馳せながら、私の4回目のワールドカップは終わった。

いろんなこと、あったな、と思う。特にここ数年は、宇都宮さんや徹マガとのつながりも得て、サッカーがとても好きになった。観戦者としては相変わらず素人なれど、ニュースに目を凝らすことも多くなり、関心者としてすこしはレベルが上がったかなあと思う。4年前の代表メンバー発表のニュースは記憶にない。今回は、我が子の合格発表的緊張感でテレビの中継を見た。

もうずいぶん前、まだ歩き始めたばかりだった息子が、近所の公園の片隅にあった鉄棒に一生懸命背伸びして指を伸ばす姿に、ひどく胸を打たれたことがある。あとちょっと、あとすこし、あきらめずに何度でも手を伸ばすこと。人間は、そういうふうに出来ているんだと思った。いつかだんだん、忘れてしまうけど。選ばれた選手、選ばれなかった選手、発表を受けて次々と伝えられる様々な表情を見ながら、そんなことを思い出していた。

さあ、幕が開く。あの日、届きたいと願ったすべての思いに、ワールドカップが訪れる。気の利いた励ましなんて、ひとつも言えそうにない。もうあと私に出来ることは、半日先を行く日本で、ピッチに響き渡る歌に耳をすますことだけだ。

# 4　信じる、という場所

これを書いている時点で、ワールドカップ・ブラジル大会開幕から3週間あまり。テレビ中継の最初と最後に映像と一緒に流れる「オーレーオー」というフレーズがすっかり鼻歌として定着し、波乱だったり順当だったりあんなことこんなことありながら、ベスト4が出揃った。この号が配信される頃には、もう最後の決着もついているだろうか。

一方、サッカーに遅れること10日、こちらも開幕したテニス全英オープン、いわゆるウィンブルドン。ブラジルとのちゃんぽんで、夜毎「ナイスシュート」と「ナイスショット」が入り乱れる寝落ち寝不足バンザイの2週間は、セルビアのノヴァク・ジョコビッチが2年ぶりに芝を制し幕を閉じた。

# マレーのウィンブルドン制覇を支えたもの

ナダル、フェデラーといった優勝候補が1週目でまさかの敗退という波乱の大会となった去年は、アンディ・マレーの初優勝に沸いたウィンブルドン。77年ぶりとなる地元イギリス人チャンピオンの誕生。国中が待ちわびた、悲願達成の瞬間だった。

2005年、18歳でウィンブルドン初登場。好成績を残し一躍脚光を浴びたマレー。以来イギリス中の期待と重圧を一身に背負い、ナダル、フェデラー、ジョコビッチと並んでビッグ4と呼ばれ、常に優勝候補と目されながら、あと一歩決め切れずに伸び悩む。12年、かつての世界ナンバーワン、イワン・レンドルをコーチに迎えようやくブレイクスルー。この年、ロンドン五輪で金メダル、続く全米オープンで初のグランドスラムタイトルを獲得。翌年のウィンブルドン制覇への道が始まる。

テニスは、試合が始まってしまえばコーチのアドバイス禁止という、とにかくおのれあるのみの個人競技なので、気持ちの強さは大事な武器。ただ、使い方を誤ればその刃は容赦なく自分に向かって来る。感情をコントロール出来ずに自滅、というパターンは、テニスの試合ではよくある。幸いネットで隔てられているので、相手をかじったり頭突きを食らわしたりするわけにはいかず（笑）、せいぜい大声でわめき散らすか、ラケットをへし折るという程度ではあるが。

勝っても負けてもわあわあひいひいの気性難。マレーにとっても、長年自分自身が最大の敵だった。メンタルの問題、と言ってしまえばそれまでだが、その金太郎飴的悪循環には私も身に覚えがあったから、歯がゆさと共感の両方を感じながらマレーという選手を何年も見て来た。だから彼が、単にスキルアップではなく、とてもシンプルに、人との出会いとそこで築いた信頼関係を力にしてついに願いを叶えたということが、とてもうれしかった。「多くの人がそう思わない時でも、イワンは僕を信じてくれた」長い時間がかかったけれど、そんなふうに思えたことに、とても価値があると思った。

期待を背に立つ時、怖いのは失敗して絶望することではなく、人々を失望させることだ。音楽家の端くれとして人前に立ち続けて来たので、レベルは違えど、そのしんどさがすこしだけわかる。そういう意味でも、ほんとうによかったね、と、去年優勝カップを掲げるマレーを見ながらしみじみ思った。同時に、せつなさも込み上げた。誰もが答えは持っている。でもそれを証明してみせることの出来る人は、ごくひと握りだ。

ま、それもこれも、ウィンブルドン優勝という結果を出したからこその幸せな結果論ではあるが、と思いつつ、翻って、南半球の蹴球王国での、日本代表の短い冒険に思いを馳せる。

## スアレスはケモノである

初戦黒星で迎えた第2戦。頑として引きこもる相手をなんとしても崩せず、朝っぱらから悶絶死寸前となったギリシャ戦。ああ、強烈なストライカーが欲しい、と切実に思った。ぎとぎとに脂っこくて、劇薬のようにヤバくて、誰が相手でもおかまいなしの、動物みたいに鼻の利く、そう、たとえばスアレスみたいな。崖っぷちとなった最終戦を待つ数日、そんなことを考えながら過ごしていた。だがしかし。

噛み癖あったのか（笑）。

2歳とか3歳くらいの子どもで、時々、一緒に遊んでる子を噛んだり叩いたりする子がいる。自分の意志が生まれ始めているけど、まだそれを伝えられるだけの言葉がなく、感情表現として噛み付いたり手が出たりしてしまうということだ。要はまだ動物に近いというわけで、成長して言葉や態度で気持ちを伝えたり伝わったりが出来るようになれば自然に収まる。

そうか、スアレスは、ケモノなのか。

ある意味、そうなのかもしれない。スアレスは、まあ極端だとしても、ネイマールにせよ、メッシにせよ、優れたストライカーにはどこかケモノの香りが漂う。言葉より先に体が動く、理屈ではない本能のまま、といった風情。では、日本にもいつかケモノストライカーが現れる日が来るのだろうか？

たぶん、無理だ。

スアレスの噛み付き騒動には驚いたけれど（初犯じゃないということにも驚いたけど）、もっと驚いたのはウルグアイの人たちの反応だ。監督も選手たちも「まあいいじゃん」と言わんばかりの庇い様。処分が発表になると、ほとんど国を挙げて「ひどすぎる重すぎる」の大合唱。関係あるのかないのかマラドーナ大先生もお出ましになってＦＩＦＡは非常識とのたまったかと思えば、ウルグアイ大統領も負けじとＦＩＦＡをろくでなし呼ばわりしたとかしないとか。

お、おそるべし。

やはりケモノの国なのだ。逆に言えばそのような、力いっぱい言葉を選んだとしておおらかもしくは野性的な国だからこそ、ケモノの本能が損なわれることなく、突出したストライカーが育ったのだ。そういうもろもろひっくるめてサッカーだ、文化だと、これまたおおらかもしくは野性的な価値観を是とするならば、どう考えてもかないっこない。ケモノの才能は日本にもきっとある。でも、漢字が読めなくても、算数が九九どまりでも、秀でた一芸を掲げて立つ、という生き方を、たぶん日本の社会は許さない（許さないとは言わないまでも、好まない）。ゆえに、日本でケモノストライカーは育たない（育たないとは言わないまでも、ひどく育ちづらい）。

と、寝不足の頭で、独断と偏見気味にあれこれ思い至るわけだが、ほんとうは、ちょっとうらやましいのかもしれない、とも思う。私は長谷部キャプテン大好きだけれど、別にみんながみんな心が整ってなくてもいいと思うし、行儀よくわきまえて身の丈で生きるなんてくそくらえだ、と思ったりもする。だから、無理だ無法だと後ずさりしながら、ウルグアイのクレイジーっぷりにちょっと動揺した。振り切って背中を向けたら、サッカーはクレイジーなスポーツなんだぜ、そこで国を背負うってことは並大抵じゃないんだぜ、と、南米大陸から半日遅れの声が追いかけて来るような気がした。

## ザッケローニにもし伝えられることがあったら

ワールドカップ・ブラジル大会、日本代表にとっては、何が出来るかを確かめることよりも、何が出来ないかを思い知らされることの方が多い旅となった。もはや地場が悪いとしか言いようがない感じで、無敵艦隊を筆頭にヨーロッパ勢もバタバタと敗れ去った。今回は本能に勝るケモノの大会（笑）。「世界は近い、だけど広い」という内田選手の言葉は、あまりにも深い。

攻撃的でも守備的でもいい。日本なりの「クレイジー」を、いつか見つけることが出来たらいいな、と、勝ち残る、と言うより、生き残る、と言った方がふさわしく思える決勝トーナメントの闘いを見ながら思った。そして、それを監督や選手たちだけに「早く見つけてよ！」とひっかぶせるのも違うなと思った。私はサッカーに関しては、列のいちばん後ろで背伸びしながら、時々代表戦を楽しむので精一杯の悪名高き「ライト層」なので、エラそうなことはひとつも言えないけど。

退任が決まったザッケローニ監督離日のニュース。もし伝えられるとしたら、ハッピーエンドにはならなかったけど、選手を信頼して、力を尽くしてくれてありがとうございましたと言いたい。ウチの男の子たちはみんなナイーブで、ちょっと気持ち入り過ぎていつもの力が出せなくてごめんなさいね。

ウィンブルドン。第3シードで連覇に挑んだマレーだったが、準々決勝でブルガリアのライジング・サン、ディミトロフに敗れた。この春、レンドルコーチとのタッグを解消し、新しいコーチと次のステップに踏み出したマレー。友好的な関係解消だったようで、レンドルは「これからも私はいつでもアンディの側にいると思う」とコメントしている。ザッケローニ監督も会見で「チームを離れるけれど、チームの一員だ」って言ってたなあと思い出す。日々を重ねるということは、ひとの心を重ねるということだ。それに気づくのは、どうしていつもさよならの間際なんだろう。

子どもの頃サンタクロースを信じていた人は、心の中に、信じる、という場所を持っている。それはとても大事なことで、誰もがいずれサンタはいないと知ってしまうけれど、信じる、という場所を持っていれば、そこに新しいものを入れることが出来るからだ、という話を、前にどこかで読んだことがある。

最初ACミランに入ると豪語し、次にピクシーがカッコイイから名古屋グランパスに入ることにしたという息子@小6。バルセロナのレプリカジャージを買ってやったら、やっぱリーガもいいなと鼻の穴を膨らませている。あまりのおめでたさにさすがに若干不安ではあるものの、とりあえずは身の程知らずバンザイでいっか、と思っている。いつかしびれる現実に落胆する日が来ても、そのでっかいスペースに、また新しく入り切らないくらいでっかいものを入れてよね、と思う。

ぽっかり空いた心の穴は、大きければ大きい方がいい。思ったよりすくない損害に胸を撫で下ろすより、思い願ったものの大きさに途方に暮れる方がいい。ワールドカップなんて、そんなでかいものが入る場所が心にあるなら、すこし休んで、また懲りずにやればいい。この国で「バッカじゃないの」って笑われるくらいの方がいいのかもよ、もしかしたら。

糧にしろバネにしろと人は言う。そんなにたやすくはないだろう。でも心あるスポーツファン（サッカーファン、ではない）ならきっと、ケモノストライカーは無理でも、勇敢な身の程知らずを許すことは出来るはずだ。ささやかでも夢を見たことがあるなら、私たちの心にも、信じる、という思いが住む場所は、必ずあるのだから。

勝利は一瞬の夢、敗北だけが永遠、だとしても。

# 5　嵐が丘、あるいはイカロス、その恋

今度の監督さんも
日本を好きになってくれるといいなあ

私が子どもの頃、ゴルフというのは、日曜の午後父親が延々と見ているテレビの中で行われている何やらであり、父親やその世代のおっさんたちが、趣味だったり付き合いだったり接待したりされたりで、休みの日にやたら早起きしてやりに行くものであり、ドラマの中でどっかの社長のたいしたことないティーショットに取り巻きたちが「ナイスショット！」と拍手喝采するものであり、時にはグリーン上を移動しながら何やらアヤシイ密談とか交わされるらしい、みたいなものであり、要するに「スポーツ」だと思ったことなんていちどもなかった。

それはたぶん「走らないから」だった気がする。野球だのバレーボールだのバスケット

ボールだの、それこそかけっこに始まる陸上競技的なものだの、子どもにとっての「スポーツ」は飛んだり跳ねたり走ったりということと直結していたから、スピードも躍動感もユニフォームもなく、半ば普段着のおっさんたちが芝生の上をぞろぞろ歩き回るゴルフは、昭和の小学生の目には、スポーツと言うより「オトナの趣味」と映っていた。ジャンボ尾崎、中嶋常幸の時代。青木功も若くて精悍だったけれど、いずれも、アスリート、という風情ではなかったなあと思い出す。

## ゴルフを「スポーツ」と認識させたタイガー・ウッズ

時は流れ、そのイメージを覆したのは、やはりタイガー・ウッズだったと思う。ゴルフに何の興味もなくても、タイガー・ウッズを知らない人はいないだろう。96年、21歳でプロ転向。いきなりPGAツアー史上最年少賞金王となり、97年マスターズ初優勝でアフリカ系アメリカ人として初めてメジャー大会を制覇。以後メジャー通算14勝は帝王ジャック・ニクラウスに次ぐ歴代2位。無敵の強さを誇り、近年は私生活の人生いろいろ的騒動やケガで低迷するも、まだ38歳だというのだから驚く。

傘でもペンギンでもない、ナイキのウエア。鍛え抜かれたシャープなボディ。パワーだけではないしなやかさと、走っても飛び跳ねてもいないのにクラブを構えるだけで伝わって来る躍動感。タイガーの出現によって「そうかゴルフはスポーツなのか」と初めて認識をあらためた。ま、基本ミーハーなので、とにかくカッコイイ！　笑うとキュートだし！　と思っちゃっただけかもしれませんが。

## 世界最古のトーナメント「The Open」

ともあれ、そんなこんなで、タイガー出るからふと見てみた、というのが、４大メジャー大会のひとつ、全英オープンゴルフとの出会いだった。99年7月、第１２８回大会。コースは、スコットランド、カーヌスティ・ゴルフリンクス。

正式名称「The Open Championship」、通称「The Open」と呼ばれるこのトーナメントが、１８６０年から続く世界最古のトーナメントであり、総本山セント・アンドリュースを中心とするスコットランドの「リンクス」と呼ばれる海沿いのコースで開催されることになっており、などなど、もろもろイギリスらしい伝統の背景はのちに知るのだが、テレビ朝日の中継にチャンネルを合わせて、映し出された光景にまずは驚いた。

なるほど海沿い。美しい海岸線がコースのすぐ脇を走り、俯瞰の映像はのどかな田園風景。ただ、当然海風が気まぐれに吹きつけ、雲が低く空を走る。同じ時期にウィンブルドンテニスが行われているので、初夏のイギリスの空の気まぐれっぷりは知っていたけれど、ロンドンから600キロ以上も北に位置するスコットランドの海沿いは、一日のうちに四季がある、と言われるほど時にめまぐるしく表情を変える、と、これものちに知る。

朝は汗ばむ陽射しでも、午後から突然低く垂れ込めた雲から雨が落ち、クラブを握る指が凍えるほどの冷たい風が吹く、なんてことは日常茶飯事。でも、まだ屋根がなかった頃のウィンブルドンセンターコートで、レイン・ディレイがないとなんとなく拍子抜けしたみたいに、開催中おだやかな晴天に恵まれてしまうと「全英らしくない」とか言われちゃうらしい。

で、コース。なんじゃこりゃ、と、思わず笑ってしまった。基本的にただの荒れ地である。人の手を加えず、もともとの地形をそのまま生かす、というのがリンクスコースであると、これものちに知るのだが、でこぼこに波打つフェアウェイ、ラフと呼ぶにはあまりにワイルドな雑草地帯、あちこちに点々と散る太古の神々の足跡かと見まごうようなバンカー。私がそれまで知っていた、見たことのあったゴルフコースと全然違うものがそこにあった。

そして、その年の開催地カーヌスティには、バリーバーンと呼ばれる小川がコースのあちこちを横切って流れており、それもあって最も難しいコースと言われていると、これまたのちに知ったこと。

ゴルフがどうのと言う前に、私はたぶんこの時、リンクスコースというものに恋をしたんだと思う。

## 眠気が吹き飛んだ「カーヌスティの悲劇」

私が初めて見たゴルフのメジャー大会、全英オープンは、そんな大会だった。天気わりー、コースわりー。タイガー・ウッズはじめ、世界のトッププロたちが、ボールと一緒に心も深いラフに呑み込まれてしまわないよう、集中力の限りを尽くし、張りつめ切った表情で一打一打を打っていた。

同じコースを回ったとしても、天候や風向き、風の強さなど、コンディションの違いでショットは変わるし、グリーンのカップの位置が変われば攻め方も変わる。二度とない一打を重ねて行くのがゴルフというスポーツだ。そこで、精神力と技術力を振り絞って闘う選手たちは、やはり紛れもなくプロのアスリートだった。

そして迎えた最終日、ゴルフ史上に残る大波乱が起こる。フランスの無名の選手だったジャン・ヴァン・デ・ヴェルデが2位に3打差をつけて最終ホールを迎え、この時点で本人含むほとんどの人がヴァン・デ・ヴェルデのメジャー初タイトルを確信した。ダブルボギーでも優勝である。

ところが、完全に固くなってしまったヴァン・デ・ヴェルデ。ラフに入れるわ、バリーバーン池ポチャするわ、バンカーにつかまるわ、考えうる限りの「やってもうた」をやってのけ、まさかのトリプルボギーでプレーオフとなり、結果敗れ去るという信じられない逆転劇の主人公となってしまったのである。

世に言う「カーヌスティの悲劇」である。そろそろあくび混じりになっていた私は、あれよあれよの展開に眠気も吹っ飛んでテレビに釘付けになっていた。決着がついたのは、日本時間でもう明け方近かった。そしてその時私は、このおそるべきトーナメントに、本格的に恋をしてしまったのだ。

嵐が丘の国だもんなあ、と思った。キャサリンの面影を抱いて、かなわぬ恋ゆえに復讐の鬼となったヒースクリフのまぼろしが、深いブッシュの陰に見えたような、見えなかったような。そうか、選手たちにとってリンクスは、かなわぬ恋、なのだ、きっと。

## そして金色の太陽が見下ろす甲子園へ

そんなわけで、宿命のように出会った私とThe Open（笑）。アメリカの、ちょっと映画のセットみたいな整ったコースと、あざやかな緑や空もいいけど、私はやっぱり、重たい色の雲とくすんだカーキのリンクスが好き。出会いの時のような「大事件」はなかなかないけれど、毎年寝落ちしながらも楽しみに見ている。

１４３回大会となった今年は、北アイルランド期待の星、25歳のローリー・マキロイが、4日間いちどもリーダーズボードのトップを明け渡すことなく完全優勝。マキロイはこれで4大メジャーのうち3つを制し、キャリアグランドスラムまであとひとつとした。若い選手の活躍もわくわくするけれど、去年、アメリカのチャーミングなレフティ、ベテランのフィル・ミケルソンが、20回目の挑戦にしてやっとつかんだ初優勝も忘れ難い。最終18番、胸に沁み入るようなバーディパットだった。

来年は、ゴルフの総本山、セント・アンドリュースでの開催。00年と05年、ここでコース2連覇を成し遂げたタイガー・ウッズの活躍に期待しつつ。

過ぎ去りし初夏のイギリスに思いを馳せながら、８月。気づけば高校野球夏の大会が目前に迫っている。鉛色のリンクスから一転、金色の太陽が見下ろす甲子園。全国4000校近い参加校の中から、各地で勝ち抜いた代表49校。ここからさらに勝ち抜いて、頂点に立つのはたった一校。

イカロスのようだ、と思う。蝋で作った翼で飛び立つけれど、太陽に近づき過ぎて翼は溶け、墜落してしまう愚かな少年。

毎年、幾千ものイカロスが甲子園の太陽を目指し、あえなく落ちる。うずたかく積み重なる敗者の山。どうしてそんなものが好きなんだろうと、時々思う。

きっと、誰もが答えを知っている。リンクス同様、甲子園もかなわぬ恋だ。そして、愚かでない恋など、ないのだ。

# 6　ラップタイム・ブルース

イケメン、ということでなく、
高校から慶應、しかも一般入試
という件で
受験組ママ友界隈で
話題ふっとう中

徹マガでも紹介された宇都宮徹壱さんのトークイベントを企画し、なぜか日本ボクシングコミッション試合役員も務めているカルロス矢吹さんのはからいで、宇都宮さんと一緒にボクシングを見に行ったのは、２０１４年９月24日のこと。ちょっと拍子抜けするくらいあっさりやって来た秋が、ひんやりと風を冷まし、その日は夕方からは雨の予報も出ていた。

## 後楽園ホールにてボクシング観戦のご案内役を務める

撮影の許可も取っていただき、後楽園ホール初見参の宇都宮さんはカメラ持参。ミスター・バイタリティ（と私が勝手に名付けた）カルロスさんご本人はお仕事でヨーロッパに飛んでってしまい、いちおう後楽園ホール経験者、ということで、僭越ながらワタクシが甚だ頼りないご案内役を務めさせていただくことと相成った。

一般の開場より早めに行き、関係者受付で手続き。もう中に入ってもいいですよとのことで、早速ホールの中へ。宇都宮さん「おー」。開場前の後楽園ホールを見るのは、私も初めてのこと。リングの上ではまだ練習している選手がおり、リングの周りや控え室に続く通路を人が慌ただしく行き来していた。ライブの時、リハが終わって、でもまだ不安で、まもなく開場でーす、というスタッフの声を聞きながら往生際悪くまだピアノをいじっていたりする慌ただしさに似ていて、ちょっとドキドキした。でもこの時間のバタバタで気持ちがぐいーっと上昇カーブになるのよね、とひとり頷きながら。

ともにデビュー戦の4回戦から始まって、全部で8試合。メインは、日本ミニマム級タイトルマッチ。セミファイナルはＯＰＢＦ女子東洋太平洋ミニフライ級タイトルマッチ。

痛そうなのとか血が出るのとか苦手な宇都宮さんは、パンチが当たったり打ち合いになったりすると、「を」とか「ぅう」とか声が出つつ、「動きが想像つかないので難しい！」と言いながらシャッターを切っていた。あまり派手な流血がなくて何より。

途中、「ボクサーってどれくらいのペースで試合するんでしょう？　1カ月にひとつとかふたつ？」と宇都宮さんに聞かれて、はたと考え込んだ。ボクシングの試合は興行なので、ジムの力関係がモノを言う。自力で興行を打てる大きなジムの将来有望な選手だったらコンスタントに試合を組んでもらうことも出来ると思うが、声がかかるのを待つ小さなジムの無名の選手は、コンディションや成長の度合いに合わせて、ちょうどいい相手と試合をするということはさぞかし難しいだろう。

この日も、1年以上ぶりの復帰戦という選手が何人かいた。2戦目から2年ぶりの3戦目という選手もいた。入場の時「おかえり！」と声がかかっていた選手もいた。誰かの胸に名前が刻まれるのは、上り詰めたほんの数人だけで、この日見たボクサーたちのほとんどを、たぶん私はもう二度と見ることはないだろう。私のようにたまたま居合わせた者にとって点であっても、彼らにとっては長い線をつないだ果ての一世一代の晴れ舞台だろう。

リングに上がるそれぞれが曳く流れ星の尾のような日々をそっと想像しながら、一期一会に感謝し、距離を測るジャブに目を凝らし、狙い澄ましたカウンターのゆくえを追い、あざやかに分かたれる勝敗に心を重ねる。

感傷的スポーツウォッチャーである私にとって、いつも後楽園ホールはそのような場所なのだ。「応援より野次の方が多いですね」と宇都宮さんは驚いていたが、個々の選手を応援すると言うより、拳闘を面白がる趣が残っているのが、後楽園ホールという場所。だから好きなんだな。宇都宮さんの目にはどんなふうに映っただろう?

## ツネさまが代表監督になるとしたら、あと10年くらい?

開始早々のTKOが1試合あったきりであとは判定だったので、意外と長丁場になり、終了は9時半を過ぎていた。水道橋駅前の焼き鳥屋でおつかれさまの一献。話は自然と拳闘から蹴球へと移り、アギーレ新監督の話から次の親善試合の話になり、ブラジルの監督はやっぱりまたブラジル人のドゥンガになった話になり、ワールドカップ歴代優勝監督はすべてその国の人だった、と聞き、寡聞にして初耳だった私はちょっとびっくりした。

やっぱり歴史もあって、文化的にも根付いていて、積み重ねて行く中でいい選手だけではなく、いい監督も輩出できる国が優勝する、というのは、考えてみれば至極頷ける話で、結局それには何十年もひとがめぐり、名選手名監督に非ずとか、向いてるとか向いてないとか、好きとか嫌いとか多くのふるいを経てなお選択に値する人材が残る、というところまで待たねばならんのだなあと思った。

乱暴にJリーグから、と考えて21年。発足当時の中心選手がほとんど引退し、20代後半から30代の選手が主力として、彼らはみんな物心ついた時にはJリーグがあり、プロ選手やワールドカップを視野に捉えて大人になった世代かと思われる。ここまで入れ替わるのに20年、というのは優秀なのかな。でも引退して海外で勉強したツネさまあたりがもし代表監督になるとしても、あと10年くらいはかかりそうだ。長谷部キャプテンとか向いてそうだけどたぶん20年後だ。いやー、私が生きてる間には無理かも！

いまはついつい目の前の選手を追いかけて勝った負けたで精一杯になるけれど、もしかしたら将来、いま見ている選手の中から名将が生まれるかもしれんのだなあ。いずれにせよ、地道にラップタイムを刻みながら、待つしかない。

## 「一周感」について想うこと

折しもプロ野球はペナントレースが終わり、まもなくクライマックスシリーズ。セ・リーグはジャイアンツが3連覇、パ・リーグは最終戦サヨナラ勝ちという劇的な幕切れで福岡ソフトバンクホークスが3年ぶりに制した。

ジャイアンツの原辰徳監督が、東海大相模高校の選手で甲子園に出ていたのを覚えている。当時の監督は先日亡くなったお父さんの原貢さんだった。東海大からジャイアンツに入り、王・長嶋以降のチームを支え、ＮＨＫ解説者を経てコーチ→監督という王道を進んだ。ここまで27年がかり。涙の胴上げとなったソフトバンク秋山幸二監督の西武時代もよく覚えている。ホームラン打ってベース一周して、ホームでくるんとバク転決めてたっけ。35年ほど前の話。

プロ野球はもともとドメスティックなものなので、時々外国人監督もいたけれど、基本的には選手→指導者というパターンが多い。いずれにしてもやはり歴史が古いので、もう何周目？　という感じである。

余談になるが、当時秋山選手とともに西武のクリーンナップを打っていた清原和博だって素晴らしいバッターで、笑うと八重歯がかわいい、ホントにかわいい男の子だったのだ。清原選手は私と同世代。たぶん生まれたのがちょっとばかり遅かった。時代が優等生になってしまい、しかも途中でジャイアンツなんかに入っちゃって、ますます生きづらそうになったなと思う。ふた世代くらい前、それこそ星野、江夏、東尾、田淵くらいの中にいたら、あれくらいのやんちゃは普通だったろうに。最後の豪傑だったのかもなあ、と、最近のせつないニュースを聞きつつ。

　前に、井上陽水さんのお嬢さんである依布サラサさん、甲斐よしひろさんのお嬢さんである甲斐名都さんと共演した時、いやー若い時お父さんのレコード死ぬほど聴いたわー、とそれぞれに懇々と話してしまったことがあったのだが、あの「一周感」はハンパなかった。そのようにもつれ合い、重なり合い、しかるべき時間をかけて歴史は作られる、と、これも余談めくが。

　答えはうんと先にあって、でもそれすらほんとうは答えではなくて、通過点に過ぎなくて、そこからまた長い尾を曳いて星は流れ始めるんだなあ、と、息子の小学校最後の運動会を見ながらしみじみ思った。入学した時、初めて見た6年生の組体操に、べ、べつの生き物だ、とビビったのがつい昨日のことのように思えるのに。いつのまにか息子も、べつの生き物になっていた。もう二度と会えない景色にハーケンを打つように刻まれる点。渦中にある者は目の前のドアに必死で体当たりを食らわし、居合わせた者は目撃出来た幸運にただ感謝する。

　私は、あと何周出来るだろう？　大事な点を、あと幾つ打てるだろう？　そして、好きなものや好きなひとの美しい点を、あと幾つ目撃出来るだろう？　「走り続けて来たが、また一周しただけ」とＳＩＯＮは歌った。そのむなしさもろとも、もうすこし見たいと思えるうちは大丈夫かなと思う、２０１４年秋の感傷。

10月は誕生日月で、否応無しに定点観測の日がやって来るので、そのせいです、きっと。

# 7　外苑ノスタルジア

実は珍しいと言われる東京生まれ東京育ち。すでに半世紀近くをこの世界有数のメトロポリスで過ごしてきた。東京大好き。コンクリートもアスファルトも高層ビルも、うんざりするような人混みも、とても好き。時々仕事や旅行で自然の中に行って、ああ素敵、と思うけれど、すぐに都会に帰りたくなる。

東京在住の常として、東京タワーはうんと小さい時にいちど行ったきり、スカイツリーは遠くから眺めたことしかなく、浅草・浅草寺は大人になって仕事を始めてからやっと初のお参りという具合。東京とひとくちに言っても広いから、行ったことのないところはたくさんある。たまに電車に乗って路線図をぼんやり眺めると、降りたことのない駅の多さに驚く。

私が育ったのは、23区で唯一消滅可能性都市というありがたくない称号をいただいた豊島区というところである。プロ野球チームを持つ私鉄沿線のちまちました住宅地にある実家近辺は、駅が改装されてきれいになった以外は、私が暮らしていた頃から特に変わった様子もないが、たまに帰ると、商店街寂れてきたねえ、人少ないねえと感じることは多く、目に見えないところで街は老いていくのだなあと思ったりする。

小6の時サンシャインビルが出来て大いに盛り上がったり、とは言え池袋というダークそのものだったエリアが、のちに意外と若い人に人気になっちゃったり、様変わりもしたけれど、ひーがしーはせいぶでにーしとーぶー、という街並みはあんまり変わった気はしない。でも、きれいな家具や雑貨がたくさんあったイルムスもなくなったし、本屋さんのリブロもついに閉店。もうやめる、って言うと初めて、人々は大挙して押しかけ、いやー惜しい、いやー残念だ、なんでやめちゃうの？　と臆面もなくのたまう。無理だからだよ。

やってけないからだよ。

街並みは変わらない。ただ、からっぽになっていくだけなのかもしれない。

## 国立競技場の〝光と解放〟

大揺れに揺れた新国立競技場の建設問題。どうなっちゃうのかしらねえと思いながら見ていたが、これを書いている時点で、急転直下の白紙撤回、コンペからのやり直しが決まった。

個人的に、旧国立にはほとんどラグビーの思い出しかない。ラグビー式蹴球熱に取り憑かれて通いつめていた世紀末から新世紀にかけての数年間、早明戦、大学選手権、トップリーグとなる前の社会人選手権、そして日本選手権。開催時期が12月から2月までの間だから、最大の敵は寒さで、まだヒートテックとか無い時代だったので、タイツを重ね履きしたり、セーターを何枚も着たり、いつももこもこに着ぶくれて出かけたことを思い出す。冬晴れの日差しのぬくもりにほっとする日もあったし、文字通り手が切れそうな風の冷たさに、芯から冷え切る日もあった。99年ワールドカップ・ウェールズ大会の壮行試合は夏の真っ盛りの8月で、スタジアム通りを汗だくで走ってキックオフ直前に国立に飛び込み、ハーフタイムには通路に広げられた大きな応援旗にメッセージを書き込んだりしたこともいい思い出。監督平尾誠二、キャプテンはアンドリュー・マコーミックという時代だった。そうやって、いつもちょっと息が切れるみたいな気持ちでスタジアムに着いて、あの薄暗い通路を通り、ゲートをくぐってスタンドに出る瞬間が好きだった。光と解放。いつもそこに、その時々に心にあったいろんなものを重ね合わせていた。

## 秩父宮ラグビー場、神宮球場、日本青年館……

そんなわけで国立競技場にはずいぶんお世話になったけれど、外苑の施設の中でいちばん多く足を運んだのは、間違いなく秩父宮ラグビー場。青山通りの地下鉄外苑前駅を降りてスタジアム通りに入り、一番手前にある収容人数2万5000人ほどのラグビー専用スタジアムである。通り沿いに並んだ屋台で缶ビールを買って、正門を入り、バックスタンドに通じる右手奥へ進むと、左手にフィールドが見えてくる。いきなり芝生の匂いに包まれるこの瞬間が、ほんとうに大好きだ。

ラグビー観戦はたいていひとりで行っていたが、ある年、その頃好きだった男の子を思い切って誘ったことがある。毎年11月23日勤労感謝の日に行われる早慶戦。終わって、ふと正門ではなく東門から出ると、道が金色で埋まっていた。いわゆる外苑の銀杏並木である。いちばん美しい時期だった。以来私の中で、ラグビー早慶戦と銀杏並木はセットになり、何も始まらず、したがって終わることもなかったちいさな恋の一場面として、胸にひっそりしまわれている。余談です（笑）。

青山通りを背に銀杏並木に立つと、遠くに見えるのが絵画館。いま値上がりしちゃったけれど、ここは前は駐車場が安くて、子供が生まれて車でこのあたりに来るとよくお世話になっていた。なので、都心の真ん中とは思えないクラシックなたたずまい、みたいな高尚なイメージではなく、「絵画館に停めよ！　安いから！」と、甚だ庶民的且つ現実的な場所だった。まだ子どもが2歳くらいで、いまリニューアルされて「神宮外苑にこにこパーク」と名前も変わった、信濃町駅真ん前の外苑児童遊園に友達家族とみんなで時々遊びに行った時も、いつも絵画館に停めていた記憶がある。この児童遊園は、こんな場所にこんな楽しい公園があるの⁉　と驚く、穴場スポットだったなあ。

秩父宮のお隣は神宮球場。ナイター観戦とくれば生ビールだが、やっぱりドームより屋根のない神宮で飲むビールの方が、圧倒的に美味い。国立同様、古くて、薄暗くて、あちこちガタがきてる感じも風情があって好きだった。

何年か前の秋、急に思い立って家族で野球を見に行こうということになり、調べてみたら神宮球場でヤクルト対広島戦あり。お、いいね、あんまり混んでなさそうだし（すいません、ほんとうにすいません）、と出かけたところ、ヤクルトのホーム最終戦で、ホーム側ライトスタンド自由席は売り切れという大盛況。じゃビジターで、とレフトスタンド側にもぐり込み、すでにプレーボールのあとだったので、とりあえず空いていた席に着席。ビールだ唐揚げだとわさわさしていたらチェンジになり、カープの攻撃となった瞬間、周りが一斉に立ち上がり、頭上を応援旗がばさばさと舞った。よりにもよって赤ヘル最ディープ応援席に座ってしまったのだと気付いた時にはすでに遅く、家族3人で見様見真似のカープスクワットをやる羽目に陥ったことは忘れ難い。チェンジとともにもうちょっとはじっこの座って見られるとこに退散したけど、小学生だった息子は勢いで赤いメガホンも買って楽しそうだったっけ。

音楽家としては、神宮球場には、あるアルバムのジャケット撮影で、ちょうど六大学野球やってたとこへカメラマンと一緒に素知らぬ顔で当日券で入って、通路や階段でカシャッカシャッとやったという思い出もある（すいません）。国立の横っちょにある日本青年館も思い出深い。青年館は私がデビューして初めて東京でコンサートをやった場所で、計2回、ここでツアーの東京公演を行った。また、青年館から明治公園の方へ坂を下りた外苑西通り沿いにあった小さなスタジオで、30年近く前、私は初めてレコーディングというものを経験し、ついでにスタジオの並びにあった黄色い看板の立ち食いラーメン屋で、当時は衝撃的だった背脂ぎとぎとラーメンも経験した。

## 消えてしまっても、いい

そのように、時にはスポーツを、時には音楽を、時には家族や友人を散りばめて、風景は記憶とともに、記憶は風景とともにある。あらためていろいろ考えてみると、芋づる式にあれもこれも蘇ってきて、私にとって外苑は意外なほど思い出深い場所だったんだなあとすこし驚いた。だから、２０１5年5月、久しぶりに秩父宮に行き、スタジアム通りのドン突きの国立競技場が見えるはずの場所に、ぱかっと空が抜けているのを見た時は、ちょっと淋しい気持ちになった。

でも私は、そういうものでいい、とも思っている。記憶に残る間もなくある日更地になった場所に、何が建っていたか思い出せないような目まぐるしい街に生まれ育ったせいかもしれない。こんなことなら壊さなければよかったのにという声もあるけれど、まあ、壊しちゃったんだから、仕方ない。今度こそなるべくたくさんの人が納得出来るものが作れればいいなと思う。五輪大臣がいるから次はなんかあったらきっちり責任取ってもらいましょう。どっちみち時間もお金もないからシンプルなものになるだろうし、お金のことはみんなでちゃんと目を光らせて、まさかと思うけど儲けようとか思ってないよね？　ってゼネコンに聞くのも忘れないようにしましょう（笑）。

私にとっていちばんたくさん思い出の詰まった秩父宮ラグビー場も、さだかではないが、東京オリンピックに合わせて解体、移転の計画があると聞く。もしほんとうなら、それは息を呑むほどに淋しいことで心から惜しむけれど、引き留めるのは違うな、と思う。死に目に会えた、みたいな感じかな。これから新しく建つものが朽ちる日を、私が見ることはまずないだろうから、深い思いで関わった場所を見送れることは幸せなのかもしれない、なんて思う。大事なのは、ラグビーに限らず、走る人が尽きないということ、そしてまたきっと見に行くだろうということ。だから、それが立派なスタジアムでも、そこらの空き地でも、私は構わない。

私が通った区立小学校も区立中学校も、他の区だが都立高校も、統廃合で廃校となり、すでに無い。デビューした時のレコードメーカーもマネージメントオフィスも、解体と再編成を重ね往時の姿は無く、コンサート制作で長くお世話になった会社も、数年前力尽きるように暖簾を下ろした。

でも。

出会ったこと、別れたこと、泣いたこと、笑ったこと、思ったこと、感じたこと、私がそこにいたということ。それは決して消えることはない。ただ、二度と戻れないだけだ。

# 8 痩せ我慢のヒーローたち

父方のおばあちゃんちは京浜急行の立会川というところにあって、住所が大井だったので、大井のおばあちゃんち、と呼んでいた。6人きょうだい、おねえちゃんが2人いて長男である私の父は、やはり京急沿線生麦の生まれ。親戚たちもそのあたりに住んでいて（ウチは都内だったけど）、なにかあるとおばあちゃんちにみんなで集まってワイワイやっ

ていた。私も、みっつ下の妹もまだ小学生の頃。大人たちが昼間っから飲んで騒いでいる間、よくふたりで、おばあちゃんちの前の歩道に、おじいちゃんがくれたチョークで絵を描いて遊んだことを覚えている。

日によって、その歩道をたくさんのおじさんたちが歩いている時があった。近くの大井競馬場へ向かう人たちだった。40年くらい前、トゥインクルなんてもちろんなくて、まだ競馬がいまみたいに明るくなかった時代。晴れた午後とか、黙ってずんずん歩いていくおじさんたちはくすんだ色合いで、ちょっとおっかないようでもあり、でもなんとなく興味もあり、父や母たちが「ああ今日は競馬だよ」とすこし声をひそめるように言うのを聞きながら、競馬の日は歩道チョークお絵描きはお休みで、おばあちゃんちの玄関に立って、流れていく人波を見ていた。

## 昭和の夕景

なぜか、おばあちゃんちではいつもお相撲を見ていた記憶がある。ちゃぶ台の向こう、窓際にテレビがあって、テレビの前がおばあちゃんの席。豪快な酒飲みだったおばあちゃんは、当時二級酒というカテゴリーにあった剣菱というお酒が大好きで、一升瓶を脇に置いて冷やでちびちび飲みながら、半分振り返るようにテレビを見ていた。

その頃無敵の強さを誇っていたのは北の湖。勝っても負けても無愛想で仏頂面の横綱が登場するたびに、おばあちゃんは「憎たらしいねえええ」と言い、おとなしいおじいちゃんが「また言ってるよ」と笑っていた。ライバルは輪島。金色のまわし、左の下手投げが得意で「黄金の左」と呼ばれたこっちの横綱はちょっと茶目っ気のあるタイプ。昔のお相撲さんらしく遊び好きが災いしてあちこちで問題を起こし、のちに追い出されるように廃業してプロレスラーに転向することとなるが、全盛期の強さは本物で、北の湖を相手に数々の名勝負を繰り広げていた。

子どもにとっては、結びが終わって夕方6時。大人たちの機嫌が良くて、アニメにチャンネル回してもらえるかな、サザエさん見られるかな、という方が重要ではあったけれど、そんなふうに気づいたらそばにあった、というかたちで私のお相撲の記憶は始まっている。ちなみにその頃私が好きだったのは大関だった魁傑。色が浅黒くてちょっと精悍な感じでカッコよかったから。先代の貴ノ花、三重の海など、いろいろなタイプの強い大関がいた時代だった。

## プロレス全盛期とテレビの中のヒーロー

家でもきっとお相撲は見ていたと思うのだが、それよりも何よりも当時盛り上がっていたのはプロレスだった。金曜夜8時、10チャンネル、「ワールドプロレスリング」。もう楽しみで楽しみで、毎週時間になると私と妹と母の女三人、ワクワクしながらテレビの前で始まるのを待っていた。

なんつったってアントニオ猪木がそれはそれはカッコよかったんである。コブラツイストである、卍固めである、燃える闘魂だったんである。よくタッグを組んでいた坂口征二も、柔道出身らしく凛々しくてステキだった。後年、なにこのいい男、とひと目で恋に落ちた若い俳優さんが、坂口征二の息子と知って死ぬほど驚いたが、でもお父さんもあの頃カッコよかったんである。

そして、ピンチになるとサーベルを持ち出す憎っくきタイガー・ジェット・シン、ふたり合わせて600キロの巨体で、なぜかゴーカートに乗って入場していた双子のマクガイヤーブラザース、身長223センチの大巨人アンドレ・ザ・ジャイアントなどなど、これでもかの悪役反則外人レスラーもいっぱいいて、憎たらしいことは北の湖の比ではなく、毎週きいきい言っていた。

金曜は猪木、土曜は4チャンネルで馬場。言わずと知れた十六文キック。ジャンボ鶴田のバックドロップ。こちらには狡猾残忍反則凶器攻撃大得意で、年中大流血していた超悪役アブドゥーラ・ザ・ブッチャーがいて、悪役じゃない外人助っ人覆面レスラー、ザ・デストロイヤーもいた。キュートなキャラだったデストロイヤーについては、プロレスの試合より、テレビのバラエティ番組「うわさのチャンネル」で、せんだみつおさんに四の字固めをかけていた姿の方がよく覚えているけど（笑）。

時代は70年代半ば。大鵬にも力道山にも間に合わなかったけど、すごくいいものを見たんだなあと、いましみじみ思う。そして、あの頃のヒーローはみんなテレビの中にいたな、と振り仰ぎながら思う。プロレスラーも、お相撲さんも、プロ野球選手も、大スターもアイドルもみんな、家はもちろん、ラーメン屋や焼き鳥屋のカウンターから見上げるテレビの中にいた。強さも弱さも美しさも華やかさもほんとうも嘘も、決して手の届かない四角く切り取られた中にぎゅっと収まり、大人も子どももその姿に心を重ねながら断ち切られた前後の空白を胸躍らせて想像し、たとえばスポーツ新聞に、たとえば雑誌やラジオに謎を解く鍵を探しながら、待ち切れない来週を待っていた。

テレビの画面サイズが大きくなるにつれて、だんだん夢から覚めていったのかな。ひとつずつ叶うたびに、ひとつずつ失ったのかな。

## 言えないこといっぱい、胸に抱えて

お相撲はいまでも見る。若貴ブーム、曙、朝青龍、八百長問題、いろんなことがあった。白鵬はあんまり強すぎてライバル不在。ヒーローもヒールも両方やらなきゃいけないから大変よねと思う。私が生きているうちに、国産横綱は出る、かなあ。

プロレスは、小学校高学年あたりからだんだん離れて、気が付いたら猪木は政治家になり、派手なショウ形式ではなくガチで戦う総合格闘技の時代になっていた。いまいちばん強い人って、誰なんだろう?

猪木や馬場に夢中になっていた頃、大人たちの「あれはお芝居なんだよ、プロレスはやることが決まってるショウなんだよ」という声が耳に入ってくることもあった。子どもだったし、ふうん、と思いながら、でも全然気にならなかった。だって、あんなにマットに叩きつけたり、血が出たり、やっぱりすごいじゃん、強いじゃん、と、至って単純だった。

やがて時は流れ、誰もが大人になった。特に、90年代から新世紀にかけて、インターネットは魔法の杖だったんだなと思う。魔法をかけるのではなく、魔法を解く、杖。世界中の情報が共有され、嘘は暴かれ、悲しみは晒され、みんな賢くなったけれど、すこし疑り深くもなった。文字を発信することはたやすくなったけれど、言葉や気持ちを伝えようとすると、途方に暮れて結局黙り込むことが多くなった。いろいろなことがとても便利になった。でも、あの頃より幸せになったのかなと、時々考えるようになった。そしてだんだん、テレビは見なくなっていった。

数年前に見た映画。落魄のプロレスラーを通して、馬鹿は死ななきゃ治らない的意地っ張り人生を愛情込めて描いたポンコツ賛歌『レスラー』。プロレスの八百長にまつわることもユーモラスに描かれていて、ああそうだよねと思った。八百長であるということは、真剣じゃないということではない。あの頃あんなにプロレスに夢中になったのは、それがたとえ勝ち負けすら決まっているショウであったとしても、真剣で本気で本物だったからだ。意地でもカッコつけてシラを切り通す矜持と、うすうすわかっていながら共感を込めて受け止める寛容。そういうくるしさで成り立っているものだから素敵だったんだと、いまはわかる。すごく、わかる。

正しさや真実で人を打つのはたやすい。一点の曇りもなく、後ろめたいことも後ろ暗いこともなく生きていければ、それに越したことはない。でも主人公同様ボロボロに老いたミッキー・ローク演じる歳月にすり減ったロートルプロレスラーが、あんなにチャーミングで、あんなにやさしかったのは、ぶちまけてしまえば楽になるのに、ためらった末に言わなかったことの方が多かったからだ。衰えた体でトップロープから飛ぶ姿が優雅ですらあったのは、言えないことといっぱい胸に抱えていたからだ、と思っている。

大井のおばあちゃんちも、そこに住んでたおじいちゃんもおばあちゃんももういない。テレビの中にはもう嘘っぽい嘘しかない。でも、痩せ我慢のヒーローたちは私の胸に。言えないこといっぱいと一緒に、いまも、この胸に。

風に殴りかかる片腕の男を見たことがあるかい？
それが俺なんだよ

（『レスラー』主題歌　Bruce Springsteen “The Wrestler” より）

# Ⅱ　母は今日も観る

# 1　うたかたロケンローラー

息子が友だちに誘われて、小学校のゆるゆるチームでサッカーを始めたのは小学校2年生の時。まだ動物に近い年齢ゆえ、動くものについ反応してしまう習性を如何なく発揮してひたすらボールに集まってしまういわゆる団子サッカーから始まり、学生ボランティアの熱心なコーチングのおかげもあって、3年生が終わる頃やっと「これはもしかしてサッカーかも」みたいな感じになった。

4年生から地域のチームに移り、初めてスパイクなど履いて、だんだんボールの蹴り方がわかってきて、5年生でようやく「まだ相当アヤシイけどこれはたぶんサッカーだな」というところまで来た。足の速いのだけが取り柄でSBから始まり、いっこ上がってMF

もやったり、でもグラウンドを広く使うってムズカシイねえ↑イマココ、である。

## 子どもには子どもしかない強さがある

体が大きくなりながら、すこしずついろんなことが出来るようになって、ようやくやってて楽しい、と思えるようになって来たかなと思う。長友がインテルへ、香川がマンUへ、なんていうビッグニュースに、サッカー少年の端くれとしてリアルタイムで触れられたというのも良かったのかもしれない。

テレビで海外サッカーを見始めたら、アニメのキャラを覚えるのと同じ速さで選手の名前をどんどん覚え、もう親はまったくついていけない、という状態。小学校6年生で迎える来年のワールドカップは、たぶん彼にとって初めてはっきりと記憶に刻まれる大会になるだろう。

息子の所属する地域のクラブチームは、特に弱小でもなく特に強豪でもなく、未経験者含むお父さんたちが協力してコーチを務め、ごく普通の小学生の真剣さでサッカーやってる子がほとんどで、息子もそのひとりとしてせっせと週末の練習に通っている。

でも、いまどきの小学生は習い事いっぱいでとにかく忙しいし、中学受験が特別なことではなくなって、早くから塾に行って準備をする子も多いので、スポーツを習い事のひとつと考えたり、男の子だからいちおう時々体動かして、みたいにとらえているおうちもある。小学生なので「おうちの方針」に左右されるのは仕方ないと思うけど、夏期講習なので公式戦欠席します、なんて話を聞くとやっぱりサビシイ気持ちになる。なんかもったいないなあ、と、つい、思う。

どんなに時代が変わろうと、子どもには子どもにしかない強さというものがあって、それは、未来を予測しない（出来ない）、ということだ。やつらは文字通り宵越しの金を持たない。明日を思い憂うことなく、目の前のものにエネルギーを注ぎ切ってきれいさっぱり電池切れとなる。使い切るから、完全リセット、フル充電で復活する。

その清々しいまでの能天気っぷりは、さながら刹那を生きるロケンローラーのようだ。いまがハッピーならオッケーだぜベイベー。いや、いいんですけどね、その突き抜けた感じ、いいんですけどね、もう高学年だし、そろそろちょっと先のこと考えたり自分の適量を考えて行動出来るようになってよ、と、親の端くれとしては思わず言いたくもなる。だから、子どもの将来に先手を打ちたくなる気持ちもわかる。

## 生まれて最初の10年と、それからの10年と

でも。

その馬鹿さ加減ゆえに無敵でいられるのは、あとから振り返ったらほんのわずかなひとときものすごく期間限定なのだ。いましか出来ないこと、は、各年代にあるけれど、特に無敵バカの小学生（とりわけ男子）の時代は後にも先にももうない。ここをどう過ごすかで、この先が結構変わってくるんじゃないかと我が家では考えている。それは、出世につながるということではなく、人として、という部分の話だが。

最近、10歳をはたちの半分ということで「2分の1成人式」と呼んで祝う傾向がある。生まれて最初の10年を無事に育ってくれてありがとう、ということらしい。親にとっても子にとってもやっぱり10年は長いから、感慨深さはあるけれど、去年息子が10歳になった時、私はむしろ、「覚えてる10年」が始まってめでたいなあと考えていた。

最初の10年、記憶と呼べるものの始まりは早くても3歳か4歳、本格的に覚えてると言えるのは後半5年がやっとだろう。でも、ここからの10年はたぶん、ほとんどを覚えていることになる。そして、そこで起こる何かによって、そこで出会う誰かによって、その次

の10年がおおまかに、あるいはほぼ完全に形作られることとなる。幾つもの分かれ道と扉。痛みと逡巡と後悔と間違いに満ちた10代。私もそんなふうにして、17歳の時に大きな扉を開き、まっしぐらかまっさかさまかわからないけれど、音楽家として現在に至ってしまった。

息子は今年の誕生日を迎えると、「覚えてる10年」の最初の1年を終えることになる。4つの季節すべてに、真剣にボールを追いかけた姿がある。彼にとって生涯の記憶となるシーンが、たくさんあるといいなあと思う。「思ったり感じたりした者の勝ちだ」と、鷺沢萠さんは書いた。親がしてあげられることはどんどんすくなくなる。惜しみなく、思ったり感じたりして欲しいと、ただ願う。答えはずっと先に出るから。

体は小さいけれどタフで勇敢でスピードがあって、守備の要のKくんは、その日の試合でもナイスクリア、ナイスカバーを連発していたが、ロングボールに不意を突かれ、相手FWと猛烈に競り合った末に痛恨のオウンゴール。敗戦ののち、悔しくて涙が止まらなくなってしまったKくんに、チームメートたちは特に言葉をかけるでもなく、でもしばらくすると、帰り支度をしながらふざけて折り重なってる子どもの山にKくんも乗っかって、何事も無かったように笑い声が満ちた。

勘の良さと正確な動きで、常に得点に絡んで活躍していたYくんは、5年生になって急激に調子を落とし、自信のない、思い切りに欠けるプレーが続いていた。そのYくんが、何ヶ月かぶりに吹っ切れたように活躍した試合。終わったあとお母さんに、よかったね、最近迷ってたけど、今日はよかったね、と声をかけたら、控えめなYくんのお母さんは、照れ臭そうに、でもうれしそうに笑った。そして次の瞬間ぽろぽろっと涙をこぼした。

## 「失うものがいっこもない」状態でサッカーができる幸せ

これが、私の知っているサッカー、だ。賭けてもいいけど、ウチの息子含めこのチームからJリーガーは出ない、と思う。でも、なんて大事なサッカーだろう。すぐに忘れてしまう、やがて流れ去ってしまう、でもいまここにしかない、なんて大事な真剣さだろう。

ある意味勝ちも負けもカンケーないし、強いも弱いも有名も無名も知ったこっちゃないし、先輩も後輩も打算も利害もなく、栄光も名誉もお金もまだ意味を持たず、しかも体が上り坂で、へこんでもすぐに立ち直れる柔らかいハートを持っていて、一生懸命練習すればすこしずつ上手になる、要するに失うものがいっこもない、そんなふうにサッカー出来ることとなんてこの先二度と無いよ、と、河川敷のぼっこぼこのグラウンドで明日なき暴走的蹴球をシャウトするうたかたのロケンローラーたちを見るたびに思うのだ。

スポーツを上手な子だけのものにしてしまったら、あっという間につまらなくなる、と思う。物語はいつだって、光り輝くひと握りの才能ではなく、輝きたいと願ったことのある多くの闇によってつながれて行くのだ。スティーブ・ジョブズは言った。Stay foolish. いつか彼らがいろんなことに気づいてしまって、壁にぶち当たった時、昨日も明日もない勢いで友だちとボールを蹴ったロケンロールの記憶が力になってくれると、感傷的雑食スポーツウォッチャーは信じる。

それは、一生懸命勉強していい学校に入ることと、同じくらい誇れることだと思うよ、と、私が言うとなんだか負け惜しみっぽいけど。

時々、長じても刹那を生きるロケンローラー的な人はいるが、そういう人はたいがい、あまりにも明日を思い憂えてしまうがゆえに自爆気味、という場合が多いので、強さというより弱さの話になる。いまという点と、明日という点を線でつなげるようになって、人は恐れを知り、大人になる。身の程知らずで、後先見ずの少年蹴球があんなにまぶしいのは、もう二度とあんなふうに生きられないと思い知らされるからだ。

だけど、知らないからじゃなく、知ってしまってなお勇敢であろうとする心に、ロケンロールは流れ続ける。永遠に。そしてそれを、誇りと呼ぶ。

## 2　うたかたロケンローラー、再び

何やら世間はゴールデンウィークだという。計画性がない上に出不精、いちおうサービス業の端くれなので仕事の場合もあるし、昔から連休には縁がない。ニュースは高速道路や交通機関の渋滞・混雑情報を毎年くり返し、私は、わかっててなんで出かけるんだろう？　と毎年同じはてなをくり返し、4月の終わりと5月の始めを過ごす。

行きたいところなら、ある。この時期だったら迷わずヨーロッパ。なぜならテニスのクレイコートシーズンが始まっているから。モンテカルロ、バルセロナ、マドリッド、ローマと転戦して、5月末の全仏オープン、ローラン・ギャロスまで。伝統的に土のコートが盛んなヨーロッパでのシリーズが始まると、私の中で季節は急速に初夏の気配を帯びる。

例年だと2週間ののちイギリスに移動してウィンブルドンとなるが、今年は全仏が終わったら一旦ブラジルに飛んでサッカーワールドカップを見て、6月末に再び欧州に戻って芝の闘いを見届けて、ついでにスコットランドのリンクス・コース（今年はロイヤル・リバプールだ）に立ち寄り、ゴルフ全英オープン、果たして今年もアダム・スコットは最終日の残り5ホールあたりからパーパッドを外しまくるのか⁉　ということをこの目で確かめる。何というカンペキな雑食スケジュール。もう惚れ惚れする。

と、毎年こんなことばかり飽きもせず考えているので、たぶんゴールデンウィークには一生縁がない。

ちなみについ先日、バルセロナ・オープンで錦織圭選手が優勝というニュースが飛び込んで来た。ヨーロッパの中でもクレー王国として名高いスペインで勝つのは、ほんとうに特別なことだ。深夜ひとりでブラボーを連呼しつつ、いちばん得意なはずのクレーで、お膝元の大会でも調子が上がってこないナダルを案じつつ。

で、今回は、いよいよ開幕までひと月ほどとなったワールドカップには及びもつかないとしても、こっちもアツいぜ、というわけで、連休中も試合と練習で大忙しの少年蹴球の話など。

## 息子のチームでも導入された8人制

この春小学校6年生になった息子は、相変わらず下手っぴサッカーにせっせと勤しんでいる。ポジションは右サイドバック。ちょっと前まで「ACミランに入る」と公言して憚らなかったのが、最近何を思ったか「ぼくは名古屋グランパスに入ろうと思う」と言い出し（どうやらYouTubeでピクシーのスーパープレー集みたいのを見て、そこからグランパスということになったらしい）、もうピクシー辞めちゃったし、あたし的にはどっちかっつーと老後は名古屋よりミラノがいいんですけど、と鋭意説得中。

東京の23区内にある我が家。区の少年蹴球公式戦は、昨年度までは基本11人制、試合によっては8人制もありというシステムだったが、今年度は、試験的にという前提ですべて8人制で行われることとなった。それにともない、学年別の大会が廃止となり、U－12という括り（学年を越えた連合軍可）でのブロック別のリーグ戦と、都大会につながるトーナメントの全日本大会が柱となった。

イレブンじゃねーし、と少々淋しい気持ち。でもちょっと調べてみたら、子どもサッカーはすくない人数で、という考え方はわりと以前から目指すべき方針として存在し、海外では7人制、9人制みたいなのもあるらしい。要するに人数すくない方がみんなボールにさわれるから、ということだそうだ。

なるほどね、と思ったが、現場的感覚から言えば、そもそも子どもがすくないんだよね、という方が腑に落ちやすい。4年・5年・6年合わせても11人制じゃエントリー出来ない、というチームを知っている。それはもう競技とか技術以前の切実な問題だ。息子の通う小学校は2クラスと3クラスが半々。6年生は2クラス。すぐ近所には全学年1クラスという小学校もある。

もともとすくないことに加えて、高学年になると中学受験準備のため休部もしくは休部に近い状態になる子が増える。ようやく体がしっかりしてきて、蹴れるようになって、走れるようになって、心がまだ柔らかくて、明日を思い憂うことなくあくまで前向きな破滅型として刹那を生きることが出来る、10代入りたて小学生、といううたかたロケンローラーのひととき。ここ大事な時期じゃん！　と心中ひそかに歯がゆく思うが、受験組にとっても、ここ大事な時期だから！　ということなのだ。

何が幸せかはわからないし、答えはずっと先にあるちょっと前、春休みに入ろうかという頃のこと。休みの日の午前中、息子と近所の商店街を自転車で走っていたら、向こうから同じサッカーチームの子が歩いてくるのが見えた。相手もこちらに気づき、あ、と思った瞬間、彼は近くの電柱の陰にさっと隠れた。声はかけずにそのまますれ違った。息子も気づいていたようで、あとで、○○くんだったね、と言っていた。

その子は普通に一生懸命サッカーやってたけれど、やはり受験組で、正式に休部はしないと言っていたものの、6年生を間近にしてぱったり練習に姿を見せなくなっていた。斜め掛けのカバンを提げて駅の方へ向かって行ったから、塾に行くところだったのかもしれない。彼が何から身を隠そうとしたんだろうと考えるとせつない。声をかければよかったかなと思うけれど、かけられる言葉は、ひとつもなかった。

11歳の少年がそんなふうにいろんなことを棒に振ってまで手に入れなければならないものを、あるいはまわりの大人たちが手に入れさせようとしているものを、私はたぶん一生理解出来ない。おっかしいよ、と吐き捨てたくなる時もある。でもその価値観で生きて来た私の人生が、お世辞にも自慢出来るとは言い難いきわどさに満ちていることを思えば、お前に何にも言われたくないよ、と自分で自分に突っ込みたくなることがまた歯がゆい。

何が幸せかはわからないし、答えはずっと先にある。子どもが減っているのは、時代にそぐわないからかもしれないと時々思う。答えが出るのに時間がかかり過ぎるのだ。手間ひまかかる上に効率悪くて報われることがすくなくて、しかも場所をとる。これは完全に時代に逆行している。今どき子どもを持つことはやはり昔ほど当たり前ではなく、果敢な部類に入ると思う。ゆえにすくない子どもの親たちはついつい待ち切れず、インターネットのページをめくるように、ウチの子の将来、を検索したくなってしまうのだ。

子どもの、大人の、その痛ましさを、誰が笑える？　誰が責められる？　我々はみんな共犯だ。

幸い、息子のチームは人数が多くて、6年生は19名。受験休部組を除いても15人近くのうたかたロケンローラーたちが、8人制となって熾烈となったレギュラー争いにしのぎを削っている。

やりたい子は誰でもおいで、という間口の広い地域のチームなので、うまい子もいればヘタな子もいる。上手に素質を伸ばしている子もいるし、休まずに練習に来てるけどなかなかうまくならない不器用な子もいる。監督の方針で、基本的には全員試合に出す、ということになっているので、11人制から8人制になってヘッドコーチのジレンマはますます深い。勝つことだけを考えたらレギュラー固定でガンガン行きたいけど、ヘタでも真面目に練習に来てる子が報われないのはせつない。

高学年になって、僅差の試合ではレギュラー組で押し通すこともあるし、ある程度点差が開いた時には、短い時間でも全員ピッチに出すということでやりくりしている。この問題に関して、答えはない。ジレンマは続く。実力優先、勝利優先のシビアなクラブもまわりにある。でも、そうじゃないチームがあってもいいだろう、と私は思っている。

## 「下手っぴでもサッカーやっていいんだよ」という場所

この先、すくない子どもを相手に、優れた運動神経の争奪戦は激化するかもしれない。空き地のエースも、公園のドリブラーももういないから、スポーツも習い事のひとつとして、あらかじめある程度淘汰され、先鋭化されて行くのかもしれない。おれ、足遅いし、と思ってる子は、最初からサッカーをあきらめてしまうかもしれない。

つい先日、連休中に行われた試合は、楽勝出来る相手だったということもあり、初めてサブ組中心のスタメンが組まれた。相手にしてみれば、なめたことしやがって、だと思うし、ごめんねごめんねと思いながら、でもみんなで盛大に応援した。

うまい子は掬い上げて、どうぞしかるべき環境で存分に磨いてあげてくださいと思う。でも、答えを急ぐことなく、下手っぴでもサッカーやっていいんだよ、楽しいよ、っていう場所もあり続けて欲しいと、ちいさく願う。

小学校もあと1年足らず。誰かのために走ったり、同じ目的を分かち合って、届かなくても追いかけたり、詮無く、甲斐無く、でも仲間とボールを蹴ったというかけがえのない記憶を刻んでねと、愚かな母でもある感傷的スポーツウォッチャーはちいさくちいさく願う。

いつの日かサッカーをやめてしまっても、そのささやかな記憶を持って父親になり、もし息子を持ったら、きっと言いたくなると思うのだ。サッカー楽しいから、やってみ。そのようにしてつながれてきたと思うのだ、きっと。

子どもというのは、大人が思うほど気にしてはいなくて、でも大人が思うよりよくわかってるものだ。小賢しく気を揉んで四の五の言ってるうちに、大丈夫だよ！　と手を振って遠ざかる後ろ姿を残して、こっちが置き去られて行くんだろうなと、ふと思う。

ボール遊び禁止の公園に残る、誰かが蹴り散らかした花びらの跡。過ぎ去りし春に道は分かれ、美しい5月が何事もなかったように訪れる。願わくば、チームメートに出くわして、電柱の陰に隠れた彼の胸にも、悔しさというスパイスとともに幼くも輝かしいうたかたロケンローラーの記憶が刻まれていますように。

付記：おりしもこの原稿を書き上げたタイミングで、毎年子どもの日にちなんで取りまとめられている「我が国の子どもの数」が、総務省から発表された。２０１４年４月１日の時点で、15歳以下の子どもの数は１６３３万人。33年連続の減少で過去最低。去年と比べて16万人減っているそうである。

## 3　さよなら、うたかたロケンローラー

半年ほどサボりに近いかたちで休んでいたライブ活動を9月から再開して、ぼちぼち忙しかったこともあり、10月の代表親善マッチ2試合は、とにかくネイマールが元気過ぎるくらい元気でよかったねということと、個人的には久々にダビちゃん見られると思ってた

のにケガで残念という印象で終わり。代表戦としてはなんとなく薄かったなあと思いつつ。同時に、裏で若い子の大会やってるんだな、あ、残念だったみたいだなと、ニュースで途切れ途切れに拾っていた。

## ふと気になった「若い子の大会」

アジアサッカー連盟が主催する、U-16およびU-19選手権。2年にいちど行われ、ここでの成績上位国が翌年のU-17およびU-20ワールドカップのアジア枠出場国となる。要するにアジア予選。今回の日本代表、U-16は4大会ぶりに本大会出場を逃し、U-19は4大会連続で世界に手が届かないという結果になった。

将来のA代表候補である若い年代別代表の国際経験が重要なことは言うまでもないことだろう。特に、香川真司、内田篤人を擁した07年大会以降アジアの壁を破れず、本大会への出場がないU-19について、元川悦子さんはサッカーライターとして、村上アシシさんはサポーターとして、大会を観戦し、それぞれの立場から日本代表の未来に激しく警鐘を鳴らしている。私が気になったのは、おふたりとも若い選手たちのメンタルに言及されていたことだ。

「日本の若手は球際や寄せの激しさ、ボールへの執着心、勝利への強い意欲などで相手より見劣りしている部分があったと言わざるを得ない」（元川さんの記事より）

「（ワールドカップ出場権を得た北朝鮮、ミャンマーの試合を見て）勝利に対する執着心が日本代表のそれとは桁違いだった」（村上さんの記事より）

日本の若い男の子たちは、A代表ですら時々こういうナイーブさを露呈する時がある。サッカーが下手で負けるならしゃあない。でもおそらくそうではないだろう。その歯がゆい感じ、なんとなくわかるのだ。我が家にもサッカーやってる平成生まれU-12男子がひとりいるから。

## しんどいから引き分けでいいよ、というぬるいムード

高校野球がつまらなくなったのは、勝っても負けても校歌が聴けるようになってからだ。甲子園に限らず、まあいいじゃないですか、みんな頑張ったんだから、と、いつからか大人が勝ち負けをぼやかすようになってしまったなあと思う。今年、息子の小学校の運動会

に行って気づいたが、赤組対白組の玉入れも棒引きも2回戦までしかやらない。連勝すればどちらかの勝ちになるが、1勝1敗なら引き分けで終わり。3回戦やってきっちり決めればいいのにと思うけれど、やらない。「そんな小さい子に勝ち負けつけなくても」と保護者から文句が出たか、それともよその学校でそういう事例があってあらかじめ手を打ったのか。今どきの小学校はそういうことにすごく神経質になっているので、いちおう競い合うかたちは作るけれど、あまりはっきり勝ち負けをつけたがらないし、なるべくでこぼこを平らにしたがっているように見える。ちなみに、男子も女子も「○○さん」と呼ばれる。分け隔てなく、ということらしい。

いずれ大人になればいろんなことは勝手にぼやけていくから、その前に、ちゃんと勝ったり負けたり、ちゃんと喜んだり死ぬほど悔しかったりすることはとても大事なことだと思うのだが、どうして最初から薄めてしまうのかなあ、と、残念な気持ちになる。

時代のムード、みたいなものかなと思う。たとえば音楽で言えば、デビューとかレコード会社と契約とか、そんなムキにならなくても、自分でCD作ってライブやって売れればいいじゃん、プロとかアマとかカンケーないじゃん、好きなようにやればいいじゃん、という話で、要するにみんなもう勝ち負けから降りてしまっているのだ。必死に目指さなくても、なんとなくそれっぽい「なんちゃって」は手に入る。だから、いいよそんなにガツガツやんなくて、しんどいから引き分けでいいよ、というぬるいムードに、いつのまにかくるみ込まれている。

我が家の小6男子も、ミャンマーで北朝鮮にPKで敗れたU-19の子たちも、好むと好まざるとにかかわらず、そんな時代のムードの中で育っている。あくまで目に見えない「ムード」だから、本人たちにそんな自覚はないし、たぶん彼らなりに精一杯必死にやっている。情報は多いし、コーチングもトレーニング方法もどんどん進んでいるから、私たちの世代が19歳だった時とは比べものにならないくらいサッカーは巧いだろうと思う。でも闘争心とか勝利への執着心とか、かたちではなく心がものを言うここ一番の局面での弱さは、なんとなく想像がつく。

## 育成、は、子育てに似ているのだろうか

すこし前、プロ野球のドラフト会議が行われていた。最近はもうロッテや日ハムに指名されてこの世の終わりみたいな顔する選手もいないし、巨人じゃなきゃやだと駄々をこねる選手も滅多に見なくなった。

かつて、江川卓の「空白の一日」とか、大学行くって言ったのに土壇場で引っくり返し

て大騒ぎになった桑田真澄とか、ドラフト騒動はいろいろあった。ずるしてでも、ルールをねじ曲げてでも、欲しいものが、行きたい場所が、なりたいものが、あの頃はあったのかなあと、ふと思う。

育成、は、子育てに似ているのだろうか。大人から見た子どもはいつの時代も歯がゆいものだし、ハングリーなんてとっくの昔に死語で、いまはいまのやり方があるんだろうと思う。でも、オールドタイマーの私はいまでも心のどこかで、理不尽に押さえつけられ、とにかく闇雲に反発し、その不毛なくり返しの中で生き物としての強いバネが育つと思っているので、サッカーの若いコーチが、「ほら、楽しんで、楽しんで！　笑って！」とか子どもに声をかけるのを聞いてると、１００年はええよ、と言いたくなったりする。いま、目を吊り上げて死にものぐるいで走らなかったら、いつ走るんだよ。

一見自由で寛容に見えて、実はひどく窮屈なこの時代に、かたちではなく心で決めるということをどうやって子どもに伝えたらいいのか、しばしば途方に暮れる。若い選手の育成に携わっている方々も、さぞかしご苦労の多いことだろうと思う。途方に暮れてる大人が多いから、子どもたちも途方に暮れちゃうのかもしれない。子どもはいつだって、反転した大人の姿を映す鏡だ。でも代わってやることは出来ないし、親業の基本は、どこまで自分を棚に上げられるか、ということに尽きるので、結局は彼ら自身の強さで乗り切ってもらうしかないのだけれど。

財務省は、先生減らせば経費浮くし、35人学級をあきらめて40人に戻したいと言っているらしい。国が育成ケチってどないするねんとあきれつつ、国ですら育成には頭抱えてるよなあと、あらためてその難しさを感じつつ。

## 息子のＰＫ戦を見ていて想ったこと

夏の終わりの公式戦で、格上のチームに実力通りに負けた時、息子が初めて泣いた。試合のあと車座に座ってコーチの話を聞きながら、タオルを顔に押し当てて、数人のチームメートと一緒にいつまでも肩を震わせていた。

10月末、小学生として最後の大会U－12決勝トーナメント1回戦。互角もしくは若干格下かと思われたチームに思わぬ苦戦を強いられ、何本ものシュートがクロスバーを叩き、ポストのすぐ脇をすり抜け、同点の後半にもらったＰＫはキーパーに弾かれた。突入したＰＫ戦。こちらの5人目が外し、相手の5人目が決めて決着。このチームでの公式戦全日程が終了した瞬間。

子どもサッカーのＰＫ戦は、はっきり言ってものすごくつらい。見てらんない、もう勘弁してって感じ。ああでもやっぱり、どんなにしんどくてもこの真剣さから大人が先に降りるようなことをしてはいけないんだなと、歯を食いしばるように思った。

ワールドカップの舞台であろうと、小学生の名もない大会であろうと、勝負は厳しくて、美しい。コーチのお父さんたちもみんな泣いた。息子もチームメートと一緒に大泣きしていた。その姿を見て、ああ、心配しなくても、正しく学んでるんだなあと思いながら、私もちょっと泣いた。そして全部片付けて帰り際、このぼっこぼこの河川敷のグラウンドにも、もう来ることはないかもなあと思って、またちょっと泣いた。

二度とない季節が終わった。息子は、チームメートたちと一緒にクラブチームの体験練習に行ったり、セレクション受けてみようかなと考えたり、子どもならではの切り替えの早さで次の季節の支度を始めている。振り返ってばかりいるのは、いつだって大人の方だ。

昨日も明日もなく、打算も利害もなく、名誉もお金も関係なく、さながら刹那を生きるロケンローラーのようにただ目の前のボールを追いかけた明日なき暴走的蹴球デイズ。

さよなら、うたかたロケンローラー。そしてどうか忘れないで。みんなここを通って行ったんだよ。あんなにうれしかったり、あんなに悔しかったりしながら、掛け値無しの感情を抱いて、みんなここにいたんだ。

# 4　春の歌めぐり来る頃

ねがわくは花のもとにて春死なむ　そのきさらぎの望月の頃

忍法帖シリーズで名高い、故・山田風太郎さんも好きだったという西行法師の有名な歌。２０１５年2月28日、ちょっと遅い歌い初めとなったライブ、この歌の一節から「花のもとにて」とタイトルをつけた。

この歌が詠まれた頃（平安末期）は旧暦だったので、いまの暦にすると「きさらぎの望月」は3月末にあたる。でもやっぱりきさらぎだから、2月になるといつもこの歌を思い出す。昔から季節の中では春が好きなのだが、そのすこし手前、花を待つ2月も好きで、

あとすこし、もうすこしだ、と寒さに縮こまりながらの気持ちに、この歌はいつも重なってくる。ねがわくは。季節も人も、そういう距離感で思うのが好きだ。2月28日はそんな思いを織り交ぜつつ、今年も無事に歌をスタートさせることが出来て、うれしい夜になった。

さて、ライブから一夜明けて、迎えた3月。出会いと別れの気配にざわめき始めた浅い春の、短い旅の話など。

「時之栖」に行ってみた！

時之栖、と書いて、ときのすみか、と読む。サッカーファンの中には耳にしたことがあるという方がいるかもしれない。富士の裾野にある、この不思議な名前の（運営会社の名前だそうだ）サッカー専用スポーツ施設に、3月頭の週末、ひょんなことから足を踏み入れることとなった。

うたかたロケンローラー、と私が勝手に呼び名を付けた息子のサッカーチームの話を、徹マガに初めて書かせていただいたのは、息子が5年生の秋だった。あれから1年半。早いものでこの春からみんな中学生、小学校卒業と同時にチームも卒業。記念に、最後の対外試合としてチーム初の遠征試合を組もうということになり、エントリーした関東近郊のチームが集まるジュニアサッカー大会。その会場となったのが、時之栖スポーツセンターである。

天然芝、人工芝、フットサル用、合わせて12面のサッカーコートと宿泊施設を備えるこの場所は、Jユースはじめ各種大会、合宿に使われ、日本代表の練習地としても知られ、02年のワールドカップ日韓大会の時は、ウルグアイ代表の合宿地にもなったそうだ（いっこも知らなかった）。

とりあえずなんかすごいとこらしいぞ、でもかっちかちの学校の校庭や、ボールがまっすぐ転がらないぼっこぼこの河川敷でずっと奮闘してきたんだから、頑張ったご褒美と思えばお釣りがくるぜ、別に強豪でも常勝でもないけど、うたかたロケンローラーたちの最後の花道、よし大声援で見送るぜっ、というわけで、親バカサポーター軍団も張り切って一泊二日の戦いに参戦することと相成った。

「どっち向いてもサッカーしか見るもんないわ」

時之栖スポーツセンターというのは、広大な一帯に点在する幾つかのエリアの総称で、今回参加した大会の会場となったのは、ご本尊の時之栖グラウンドからはすこし離れたところにある、裾野グラウンド。クラブハウスのあるメインエリアと、道を隔てて徒歩10分ほどのエリアに、人工芝のグラウンドがそれぞれ3面ずつ。小学生は半分のサイズで使うので、計12面で64チームが2日間戦う大会は開催された。

生憎の雨となった初日。濡れているせいか少々どぎつく見える人工芝の緑の上を、色とりどりのユニフォームやスパイクが走り回っていた。あたりには、林と、野原と、遠く、ぐるっと取り囲むように中腹近くまでガスで白く霞んだ山々、そしてすべてに覆いかぶさるくらい広い空しかない。要するにそこにはサッカー以外何もなかった。お店も人も学校も、日常と名の付くものはきれいさっぱり、なかった。その単純な事実にまずはちょっと圧倒された。いやーすごい。どっち向いてもサッカーしか見るもんないわ。

慣れない人工芝、さらに雨でスリッピー、息子のチームは滑ったり転んだりオウンゴールしちゃったりいろいろありつつ、ブロック別リーグ戦1分け1敗で惜しくも決勝トーナメント進出ならずという結果で初日を終えた。

グラウンドのすぐ脇、子どもたちとコーチが泊まるロッジは、畳敷きの大部屋。洗面所には洗濯機がずらっと並び、まさに合宿所。応援の母たちで、雨で濡れたユニフォームやソックスを洗濯したり（人工芝なので泥んこにならなかったことがせめてもの救い）、子どもたちに荷物を片付けさせて風呂に送り出したり、気分は寮母（笑）。

やがて日も傾き、ひと息ついて、グラウンド脇にある喫煙所に一服しに行くと、さっきまで子どもたちが試合をしていたグラウンドには照明が点き、どこぞの小学生チームが練習していた。地元のチームかなーと思いながら、ぼんやり練習を眺めた。こんないいとこでいつも練習してたら、すごいうまくなっちゃうのかな、そうか静岡はサッカーどころだもんな、やっぱり子どもたちは早くからサッカー選手を目指すのかな。

私が小学校から中学校に上がる頃は、まだなにかと呑気な時代だったので、中学校に入ってから、さて部活なにやろう？　と考える子もずいぶん多かった（私もそうだった）。でも野球もサッカーも習い事化が進んでいるいまどき、中学校に入った時点で経験者と初心者のレベル差は昔より大きく広がっていると思うので、そこからのスタートではたぶん間に合わないだろうなあと感じる。

早くから才能に気づいて、磨いたり磨いてあげたりするのはステキなことだ。でもまだ心も体も出来上がってないし、成長のスピードもそれぞれだから、あんまり早く自分を決めたりあきらめたりしないでね、と、見知らぬチームのナイター練習を眺めながらなんとなく思った。でももし自分の息子が輝くような才能に恵まれて、早くからガンガン出来ちゃう子だったら、別のこと思うかな、どんどん先行くよって思うのかな、などとぐるぐる考えて、ちょっとせつなくなった。とりあえずウチの息子、チビだからなあ（笑）。

## あの、忘れられない春から4年

雨が上がり、昼前からはすこし暑いくらいの日差しが降り注いだ大会2日目。順位別トーナメント1回戦に勝利するも、続く準決勝は0－1の惜敗。3位決定戦にも敗れ、このチームでの対外試合日程はすべて終了した。

4年生の冬にサッカーを始めた頃は、完全に初心者だったKくんの初ゴール。チームのエースストライカーRくんの、ポストの外側をかすった幻の同点弾と、悔し泣きしながらプレーを続けた姿。

不器用で無駄走りが多く、バテて途中交代し、チーム最後の試合終了の笛をベンチで聞くこととなった息子。

雨に叩かれ、光が差し、風が揺れ。そのようにして、浅い春の短くも忘れ難い旅は終わった。

あとで聞いたら、いちばん楽しかったことは、なんつってもみんなで布団を並べて、消灯後にこっそりテレビ見たことだそうですから。あ、わたくし的には、せっかく裾野まで行ったのに御殿場高原ビールを飲み忘れちゃったことが、もう心残りで心残りで。

　大人になると、特に私のような自営業は境目のない遠近両用的なのっぺりした日々になりがちなのだが、子どもを持って以来、彩りのある節目を過ごすことが出来てありがたいことだなと思う。慌ただしく過ぎる3月。メインイベントは卒業式。あざやかな終わりと始まりに彩られて、今年の春はいつにも増してせつなく、春らしくなりそうな。


　いちはつの花咲きいでて我目《わがめ》には　今年ばかりの春ゆかんとす

　正岡子規、死の前年春に詠まれた歌。いずれにせよ、春はいつだっていちど限りをくり返すけれど。

　震災による原発事故でJヴィレッジが使用出来なくなったため、JFAアカデミー福島は11年4月より現在に至るまで、時之栖スポーツセンターを一時避難所として活動を続けているそうだ。私も見たあの山や空を、夢の卵たちも見ながら過ごしているのかと思うとやはり感慨深く、良い春を、と、願わずにはいられない。

　あの、忘れられない春から4年。時の流れはいつも、許すようでもあり、責めるようでもある。

# 5　花のいのちはみじかくて

ゴルフのマスターズ最終日を見ながら、この原稿を書いている。基本的にゴルフは7月の全英オープンが好きなのだが、今年はタイガー・ウッズ復帰参戦のニュースもあり、花冷えの週末、難コースとして鳴らすオーガスタでの闘いを眺めて過ごした。

初日からトップを走り続けているのは、アメリカの新鋭ジョーダン・スピース。スタートからの3日間、54ホール最少ストローク記録更新のおまけつきで、初のメジャータイトルに王手の恐るべき21歳である。折しもヨーロッパへの移籍問題が話題になっているFC東京武藤選手は22歳。単純に比較は出来ないけれど、世界に出て行くのに22歳という年齢は決して若くないんだなとあらためて思う。

花のいのちはみじかくて、と、勝手な節で口ずさんでみる。『放浪記』で名高い林芙美子が好んで色紙に書いたというこのフレーズは、苦しきことのみ多かりし、と続く。この人は、前のめりに生き急いだ人だったからなあ。

ついこの間小学校を卒業した息子の短い春休みの真ん中、子どもPASMOが使えた最後の日に、ふたりで新体制となったサッカー日本代表を見に行ってきた。

3月31日の代表戦、味スタ、対戦国調整中、というチケット買えるよ案内が子どもサッカーチーム経由で来た1月半ばには、まだハリルのハの字もなかったし、まあいっか、春休みだし、と、軽い気持ちで申し込んだのだが、そのあと話は急転直下、監督電撃解任→どうする⁉→新監督就任、と思いがけない展開。3月のふたつのテストマッチはにわかにハリルホジッチ監督お披露目興行の様相を呈し、前週の初采配チュニジア戦勝利もあって、3・31ウズベキスタン戦はワクワク大注目のカードとなった。

## 感謝、感謝のキックオフ前

同じルートのチケットで、初めて代表戦を見に行ったのは去年の3月。ワールドカップを目前に控えたザッケローニジャパンの壮行試合。ニュージーランド相手に快勝、改築前の国立競技場最後の代表戦ということもあって、たいそう盛り上がった。あの時ゴール裏があまりにも楽しかったので、今回も迷わずゴール裏自由席にしたのだが、これはちょっと気合入れないと座れないかも!?　と少々心配しつつ、当日。

調べてみると開門は16時半。キックオフは19時25分。さ、さんじかんかあ、と躊躇するあたりが素人の悲しさ。でも、早めに行くよ！　といちおう頑張って、でも味スタ着いたら18時すこし前。入口で、なにやら制服姿のきれいなおねえさんたちがチラシなど配っている。なんだろうと思ったら、冠がＪＡＬだった（きれいなおねえさん→ＣＡ）。チャレンジカップと言ったらキリン、じゃないのね、などと思いつつ入場。ピッチに近い下層スタンドはもうだいぶ埋まりかけていた。

1年前の国立の時は、昼間の大雨に恐れをなし、ぐずぐずしててキックオフ直前にスタンドに駆け込んだにもかかわらず、親切なおにいさんたちがちょちょっと詰めてくれて感謝だったのだが、そうか、それは国立の座席がベンチシートだったから出来た技だったのね、と、セパレートタイプの味スタの座席を見てまたひとつ観戦術を学ぶ私。

でも今回は前後で空いている席になんとかもぐり込んで、まいっかと息子と話していたら、私の隣のおじさんが席を替わってくれて、またまた感謝。さらにキックオフ直前、ひょんなことから息子はちょんまげ隊と一緒に応援させていただくことになり、正真正銘ゴール裏の最熱地帯へ移動。私はひとりでビール飲みながらのんびり観戦となり、ツンさん、感謝。

遅れても安心の指定席もいい。でも

席を替わってくれた単身観戦のおじさんは、おそらく50代。中村俊輔選手の代表ユニを着て、年季入ってるなーって感じ。試合が始まってからは、ごく普通のレベルで拍手をしたり応援したり。おじさんは何時に来たのかなあと思った。ちゃんと開門時間に来て、ちょっとはじっこ気味の座って見られる席を選んで、ひとりで黙ってキックオフを待ってたのかなあ。

私の並びには、お父さん、兄（高校生）、弟（中学生）と思われる家族連れ。お父さんはずっと「考える人」のポーズで時々ふむっと頷き、兄と弟はゴールが決まったり惜しいプレーにはおおっと歓声をあげたり拍手をしたりしながら、それ以外はとにかく食い入るようにピッチを見つめていた。

ゴール裏自由席には、そういう人が他にもいっぱいいた。ああ、覚えがあるぞと思った。秩父宮の同じくゴール裏立ち見スタンドとか、後楽園ホールのバルコニー立ち見スペースにも、そういう人いた。たくさんいた。

ぎりぎりでも、遅れても安心の指定席もいい。でも、ぶつかったり、慌てたり、思いがけなかったりしながら、不器用に自分の席を見つけるのもいい。少々手間ひまかかって、少々不自由で、だからゴール裏自由席は楽しい。手間ひまかけて、不自由すら楽しむことで、自分の中の「好き」を確かめられるから。コンサートホールじゃなくて、オールスタンディングのライブハウスだ。自分で見つけたいちばん感じられる場所で、惜しみなく感じること。よく見える席だけがいい席じゃない。

試合は、青山選手のあざやかなミドルシュートに始まり、柴崎選手の超ロングシュート、代表初キャップ宇佐美選手の「らしい」ドリブルからのシュートなど、おなかいっぱい5得点の圧勝で、ハリルホジッチ監督めでたく2連勝。年末以来の騒ぎを経て、災い転じて福となす、となるか。まずはめでたし。ちなみに冠はＪＡＬにつき、勝利者賞はマイルとか、飛行機の模型とか。いやー、私はやっぱ一番搾り1年分がいいなー（笑）。

## 心はいつだって、ゴール裏自由席だよ

ゴール裏最熱地帯に迎えに行くと、息子はへとへとになりながら、存分に楽しんだ様子

だった。出かける前は、指定席だったらよかったのに、と軽くぶつぶつ言ってたが、帰り道、ゴール裏楽しいだろ？　と聞くと、うん、またあそこで見たい、と笑顔だった。

いちおう面目保持。でも親の端くれとしては、子どもの進路や行く末を思う時、出来ることなら指定席を用意してやりたい、席の用意された人生を歩んで欲しいと思ってしまうのも事実で、情けなくも悩ましい。平凡でいいと願いながら、何者かになれと叱咤する。ゆっくりでいいと言いながら、早く早くと急かす。大人って勝手だわ。

この試合から1週間後、息子は入学式を迎え、中学校という新しいステージでの生活がスタートした。

見えなければ、聞くんだよ。聞こえなければ、感じるんだよ。座席のせいになんかするなよ。心はいつだって、ゴール裏自由席だよ。

そうこうしているうちに夜は明け、オーガスタではハートの強い21歳が4日間いちども首位を譲らない完全優勝で初のメジャータイトルを手にした。日本からただひとり参戦した23歳・松山英樹の11アンダー5位もすさまじくブラボーだった。サムライブルー文武両道の22歳は、果たして揺れる心の向きをどちらに定めるのだろう。

今年の桜は、咲いたと思った瞬間、待ってましたとばかりに雨やら風やらに打ち飛ばされてしまった。そんな春もある。そんな春に始まる夢もある。花のいのちはみじかくて。

近年になって発見された林芙美子未発表の詩の中ではこう続く。苦しきことのみ多かれど。

## 6 雑色の夏

わかりやすさという意味で、女子サッカーは子どもサッカーに似ている、と、ワールドカップに続き東アジアカップでなでしこを見て思う。男子と比べてやっぱりスピードがないので、ひとつつひとつのプレイがよく見えて、私のような素人にはありがたい。ははあ、押し上げるってそういうことね、ああオーバーラップってそういう動きね。ウチのダンナはなでしこを見るたびに、子どもは女子サッカーを見たら絶対勉強になる、と言っている。確かに。子どもサッカーを見て初めて、スペースとか、逆サイドとか、そういうことかあ

と思ったことを思い出す。

## クラブチームか、部活か

研究不熱心なあたり、私に似てしまって、なでしこを見て勉強しているとこなんて見たことないウチの息子。この春から中学生になり、サッカー部に入って、夏休みも部活動にせっせと勤しんでいる。背が伸びなくなる気がして、小学生の時は筋トレや走り込みをなるべくやらせなかったので、いまガンガン走らされたりサーキットやらされたりしてひいひい言っている。でも相変わらずチビだけど(笑)。

小6の秋、公式戦が全部終わって、次は中学生かあと思っていた頃、クラブチームの体験練習あるよ、セレクションあるよ、と、チームメートに誘われて、ふたつほど覗きに行った。付き添いの親がみんなギンギンにマジで、そうか、こういう世界があるのかとちょっとびっくりの経験だった。

Jリーグの下部組織から、やる気があるならウエルカムのわりと気軽なクラブまで、クラブチームとひと口に言ってもいろいろである。公立中学の部活とクラブチームを比べて、クラブチームを選ぶおうちの意見としては、部活動は初心者にも対応するので経験者にとって実りある練習が出来ない、基本的に指導者（顧問）が学校の先生なので、教えるどころかヘタすると競技を知らないこともあるし、たまたまいい先生に当たったとしても、公立の場合異動で突然いなくなる可能性がある、という感じ。要するに、部活ではうまくならない、ということだ。

なるほどー。

別に全員がプロを目指すというわけではないけれど、単純にせっかくやってきたんだから中学校でも出来るだけいい環境でという気持ちも、その結果あわよくば高校もスポーツ推薦で行けたらいいねという気持ちも、親としてはよくわかる。我が家は息子と相談しながら、結局部活を選択。チームメートに部活組がわりと多かったこともあるが、親として、これはたぶん世代的に、この時期はまだ「学校」が拠点であってほしいという気持ちもあった。

## イマドキ中学部活事情

体験入部を経て正式入部。保護者への説明会資料に、各部の部員数一覧があった。人気があるのはバスケ部、バドミントン部。バスケは小学校の体育の授業でも大人気だったので、中学生になったのを機に他のスポーツからの乗り換え組も多い。バドミントンも、あとバレーボールもそうだが、このへんの競技はある程度体が大きくなってからじゃないと出来ないと言うか、楽しくないので、中学の部活で始めるにはちょうどいいということなんだろうなと思う。あと、プロスポーツとして定着していない分、気楽に始められるということもあるかな。

サッカー部は、1年生が8人、2年生が8人。ほぼ全員小学校からの継続組。なんか心許ない数字だなあと思ってしまうが、先に書いたような選択を経て、ある程度実力があって、親のサポート態勢がある子はクラブチームに行くので、サッカーやってる子がすくないということではない。ちなみに野球部は1年生9人、2年生7人。こちらもだいぶ心許ない。野球の場合、本気の子は硬式のシニアリーグへ、ということになるらしいが、子どもの絶対数が減ってる分、やっぱり野球は昔と比べて人数減り気味かなあと思う。

いずれにしても、プロが定着して、競技の質も進化して、早くから始めたもん勝ちのサッカーと野球は、中学校からじゃ無理、あるいは、小学生の時やってたけど中学ではもう無理、と、子どもたち自身がわかっている感じがする。

レベルの高いチームに入って、結果3年間補欠ということもあるし、部活は人数すくないから、1年生でもとにかく試合に出られるチャンスが多い、ということもある。一長一短、おうちごとの事情や考え方もあるだろう。単純にうまくなりたいなら、うまい子と練習する方がいいに決まってるから、クラブチームということになるけれど、でも、体も心もまだ個体差の激しい中学生、それだけで断じてしまうのはせつない、と私はついつい思ったりする。でもでも、違うのかなー。ウチの息子がもしバリバリにサッカーうまかったら、さっさとクラブチームに入れて、部活なんて意味ないし、とか思うのかなー。うーん。

## 先生、休みないじゃん!

夏の大会が終わって3年生が引退し、夏休みからやっと1、2年生のチームが始まったばかりなので、実際のところはまだわからないが、何はともあれ思うのは、顧問の先生って大変だ、ということである。

中学校は、高校受験、というシビアな現実が待ち受けているので、先生たちは授業の準備だけでも大変だろうなあと思う。いまどき、めんどくさい親もいるし、そもそも思春期という名のくそ生意気な(失礼)ジャリどもを(失礼)束ねるのは、並大抵のエネルギーでは務まらない。

息子のサッカー部の顧問は、昨年度までふたりだったのが、今年度ひとりが異動になり、孤軍奮闘の様相を呈している。放課後は練習、土日は公式戦や練習試合、または練習。夏休みも、お盆の1週間くらいを除いて、ほぼ毎日午前中は練習。土日も練習もしくは試合。先生、休みないじゃん！

ちょっと前に、公立小中の教員の残業時間がハンパない、というニュースを見た。中学校教員の場合、残業理由のトップは部活動。そんなに時間取られて、挙句、顧問はプロの指導者じゃないから部活だとうまくならない、とか言われて、ホントに気の毒な話だ。

息子に聞くと、先生があれこれ指導すると言うより、ランニングから始まる受け継がれてきた的メニューをこなすことが練習の中心らしい。そのあたりの、自主性、みたいなことが、学校教育の一環である部活動ということであり、部活だとうまくならない、と言われてしまう所以なのだろう。走ったり筋トレしたりは子どもだけでも出来る。でも多少なりとも戦術的な練習は、わかってる誰かが上に立って見てやらないと限界があるし、それが出来ないと、なかなかうまくならない→なかなか勝てない→楽しくない→続かない、というデフレスパイラル的状態に陥りかねない。かといって学校の先生に、最新のコーチング理論を勉強してちゃんと指導しろというのはあまりにも酷な話ではある。

国でもいいし、Jリーグのエライ人でもいいし、公立の小学校や中学校にコーチを派遣しよう作戦、みたいなことやってくれないかなあ、と、暑さに任せて勝手なことを妄想する。先生も助かるし、こぼれちゃった子の受け皿として大事だから、やっぱ部活も盛り上がって欲しいなと愚かな母は気を揉むわけで、要は、たかだか中学生くらいで、子どもが自分のこと簡単にあきらめたりしないようになればいいのに、という愚痴である(笑)。

真面目な話、ほんとうに子どもはどんどん減っているので、上澄みをすくうみたいに上手い子だけを相手にしてたら、そのうちサッカーやる子がいなくなる。大事なことは、始めた子がなるべく長く続けること、どこかで必ずやめてしまうとしても、手応えと楽しかった記憶を持ってやめて、いつか息子を持った時、サッカー楽しいからやってごらん、と言えること。そのために、ほんとうの意味でのグラスルーツ、部活はとても大事だと、現場にて思う。たぶんギャラ安いし、そこからなかなかプロ選手は出ないと思うけど、それはとてもやり甲斐のあることだと思うんだけどなあ。

でもでも、違うのかなー。ウチの息子がもしバリバリにサッカーうまかったら(以下略)と、堂々巡りは続くのであるが。

ま、これは、東京の、たまたま私が住んでいるところのささやかな話。地域によって景色は違うと思うので、ある風景として眺めていただければ。

## 続けることに希望がある、と思いたい

夏の甲子園開幕中。初出場の大阪偕星学園・山本晳監督の大会前のインタビュー記事より。「スポーツはお金持ちも貧乏も関係ない。子どもたちにそういう夢を見させてやりたい」。おお。「お金がないから野球が出来ない、勝てないなんておかしい」。様々な家庭状況に配慮して、練習用のユニフォームは上下で５００円、スパイクは９８０円のを使ってるそうである。主婦感涙の理念。野球は用具代かかって大変って野球部ママたちはよく言ってるもんねえ。

このご時世、子どもなんて育ててると、おべんきょうもスポーツも先手必勝、結局親の甲斐性次第なのかなあとへこむことも多いので、ああ、こういう監督もいるんだなと、吹けば飛ぶよな自営業の親としてはちょっと胸熱だった。９８０円のスパイクで練習しても、ちゃんと子どもは伸びる。甲子園にだって出られる。それはやっぱり、とても勇気になるなあと思う。

上手なことはステキ。でも、こつこつ続けて上手になることも大事。続けることに希望がある。子どもが、簡単に自分をあきらめたりせずに続けられる環境を用意してあげられ

たらいいなと思う。だって、早々に身の丈で生きるヤツばかりになったら、あっという間に国なんて滅ぶ。

広島、長崎の原爆の日を越え、まもなく70回目の終戦記念日。夏の甲子園は今年100周年だそうだ。それなのに97回大会という意味に思いを馳せつつ、私に何が出来るだろうと見上げる空は、立秋を過ぎてなお、夏の青濃く。大人ですら途方に暮れるほど夢を見づらい時代。雑食ならぬ、雑色のゆく末に幸あれ。いいじゃん、光や風だって、いろんな色が混じり合って、いちいち名前なんかなくて、だけどとてもきれいだよ。

# Ⅲ　ひとり、ということ

# 1　単身観戦のススメ

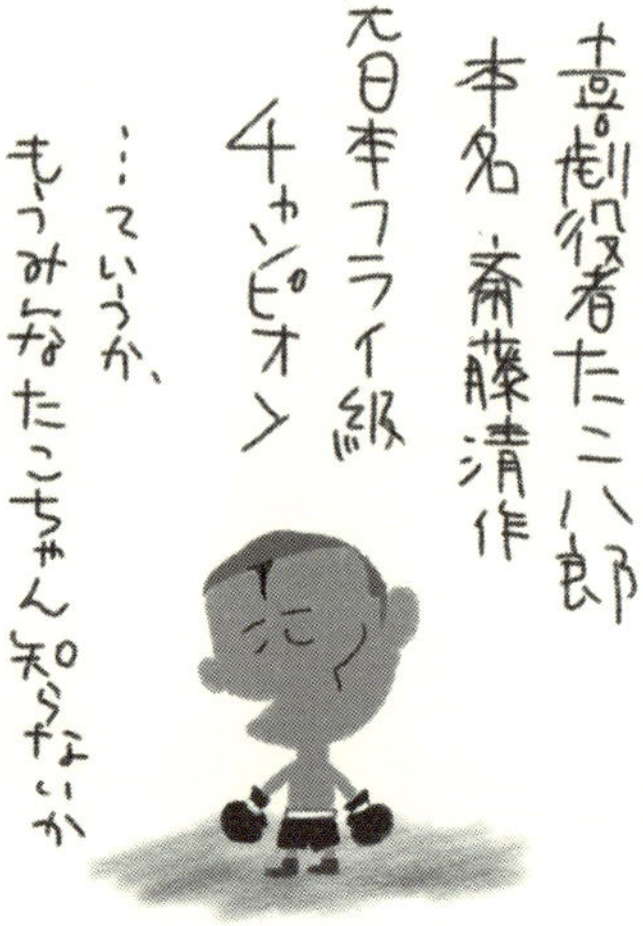
喜劇役者たこ八郎
本名 斎藤清作
元日本フライ級
チャンピオン
…ていうか、
もうみんなたこちゃん知らないか

若い頃からラーメン屋も牛丼屋もひとりで入れたし、映画もコンサートも、友だちと一緒にも行くけど、思い立ってふらっとひとりで出かけるのが好きだった。

どちらかと言えば出不精のくせにスポーツ観戦は好きで、気ままな独身時代は、あちこちによく足を運んだ。自慢じゃないけど、あ、これは見ておいた方がいいぞ、とピンと来る瞬間が時々あって、予感に引っ張られるままスタジアムに突っ込むこともあったし、何の気無しに出かけてみて、ああ呼ばれたんだ、来るべくして来ちゃったんだと痛感することもあった。

## ルールがわからなくてもラグビーに夢中になれた理由

いちばんたくさん見に行ったのは、間違いなくラグビーだ。私がラグビーにハマったきっかけは、何を隠そう、当時の代表監督平尾誠二さんがあまりにもカッコ良かったから。97年頃のことである。最初は人に連れて行ってもらった。前にパスしちゃいけない、ということと、トライとかノッコンとか単語は知っていたけれど、細かいルールは全く知らなかったし、戦術音痴の私には、展開とか組み立てはさっぱり理解出来なかった。

でも、集まってごちゃごちゃやってると思ったら、パッと散っていきなりトップスピードになる、静と動のあざやかな切り替わりや、スクラムやタックルの時の、まさに骨と骨がぶつかり合うような音は、衝撃的にエキサイティングだった。このスポーツはテレビで見たら駄目だ、テレビで見ても全然わからない、と思った。

そして何より、ラグビーはとても美しかった。冬の週末の神宮外苑、神宮球場の手前に位置する秩父宮ラグビー場。高々と蹴り上げられたハイパント。澄んだ青空を横切る白い楕円球。緑の芝生を蹴って走る音、人と人がぶつかる音、倒れる音、立ち上がる音。

スポーツは聞くものなんだ、と思ったのはラグビーを見てからだ。なんて美しいスポーツだろうと思った。吸い込まれるように好きになり、大学生、社会人、日本選手権、気が付けばそこから数年間、ほとんどの試合をひとりで、時間が許す限り通い詰めた。

その頃、私はちょうどキャリアの大きな分岐点にいて、ただひたすら疲れ果てていたので、ここしかない、というタイミングでラグビーと出会ってしまったんだなあと思う。劣勢にあっても勇敢であること、倒れたら起き上がってまた走り出せということ。疲れた心にその単純さはあたたかい雨のように沁みて、だからルールなんてわからなくても楽しかったのかもしれない。スポーツは何も言わない、というのもありがたかった。誰かを誘って一緒に見に行こうと思ったことはほとんどなかった。淋しかったけれど、ひとり、ということがとても大切だった。

毎週末秩父宮に出勤（笑）する日々の中で、なんとか底値の時期を越えたので、あの頃のいろんな気持ちの背景にはいつも、東芝府中マコーミック主将の火の出るようなタックルや、トヨタ廣瀬佳司の目の覚めるようなプレイスキックや、あっと思った時にはすべてを抜き去る神戸製鋼の快速ウィング大畑大介や、早慶戦や早明戦が、ある。思い出の中に刻み込まれている歌のように、いまも流れ続けている。

## ボクシングとラグビーの観客席は似ている

その後家族を持って、もう思い立ってふらっと出かけるなんてなかなか出来なくなってしまって久しいが、先日久しぶりに突撃単身観戦に行って来た。目指すは水道橋、ボクシングのメッカ後楽園ホール。

何年ぶりだろうと思いながら駅を降りて、小雨の中、黄色いビルに向かった。各階級の日本タイトル挑戦権を争うトーナメント「最強後楽園」決勝。ひょんなことからスーパーフェザー級に、あのカシアス内藤のジュニアである内藤律樹選手が出場すると知って、矢も楯もたまらず駆けつけてしまったのだった。

沢木耕太郎さんのノンフィクション『一瞬の夏』の主人公、カシアス内藤。6人の世界チャンピオンを育てた名伯楽エディ・タウンゼントをして、チャンピオンにはなれなかったけれど誰よりも才能にあふれていた、と言わしめた伝説のボクサー。

私は生で見るボクシングも大好きだが、『一瞬の夏』をはじめ、書物で読むボクシングもとても愛している。私のバイブルは、ビートルズでもストーンズでもなく、佐瀬稔さんの『彼らの誇りと勇気について――「感情的ボクシング論」』だ。

後楽園ホールにはもう何度も行っているのだが、今回初めて2階のバルコニーから観戦した。ほ、ほんとにこっちでいいんですか、と聞きたくなるような業務用的階段を上って、ビデオを撮っている練習生らしき男の子たちの肩越しに見下ろすリングは、記憶にあるイメージより小さくて、明るかった。そこに立つ無名のボクサーたちは、よく知っているもののようでもあり、初めて見るもののようでもあった。気が付けば立ちっぱなしで4試合、あっという間の2時間半。

ボクシングとラグビーの観客席は似ている。どちらも組織的な応援団がおらず、玄人の容赦ない野次が飛ぶ。片や楕円球、片やボクサーのパンチをタクトに、静寂と歓声が満ちては引く。ボクシングの場合は特に、連帯感ではなく、つながりを断ち切ってひとりずつであろうとしている雰囲気が感じられる。

会場のあちこちに、明日はオレが、次はオレが、というオーラをバンバン出している同僚ボクサーらしき姿が見えるせいかもしれない。が、その独特な緊張感の理由は、詰まるところタイマンを見に来ているからということなのだと思う。ボクシングを見に行くということは、覚悟の強さを見に行くということだ。それは往々にして勝敗と比例しない。覚悟、というものは、敗北にとっても重要なファクターだからだ。

1対1で殴り合って、先に倒れた方が負け。その潔いまでのわかりやすさ、それゆえの美しさと痛ましさ。決して共有出来ないとわかりながら、安易な感傷など入り込む余地はないとわかりながら、心を重ね合わさずにはいられない衝動。

観客にとっても、ボクシングというのは、自分とボクサーとの1対1の勝負なのだ。でなければ、あんなに胸が騒ぐはずがない。ジョイス・キャロル・オーツは『オン・ボクシング』の中で書いた。

「人生は、多くの不安定な点で、ボクシングに似ている。だが、ボクシングは、ボクシングにしか似ていない」

内藤選手はくるしい試合を制し、日本タイトルの挑戦権を得た。所属ジムの会長であるお父さんの姿も見えた。終了後、混み合うエレベーターを避けて、壁一面、ライブハウスの楽屋かと見まごうばかりの落書きで埋め尽くされた階段を下り、すこし勢いを増した雨に濡れながら駅に向かった。

## なぜ、迷わずひとりで見に行ったのか

ここで内輪の話になる。私のライブのチケットをＨＰで先行受付すると、１枚買う人が圧倒的に多い。これはやる側としては少々頭の痛い話で、単純に１枚買った10人がそれぞ

れひとりずつ友だちを誘えば20枚になるのだから、誘ってよ〜とつい言いたくなる。でも、久しぶりにボクシングを見て、なんとなくわかった気がした。よし、後楽園ホール行くぞ、と決めた時、友だち誘おうとか一瞬も考えなかったもん。

そうか、タイマンだ。ステージの私と、客席のひとりずつの、1対1の勝負だ。ツアーを間近に控えて、迷ったり揺れたりしがちの気持ちが、しゃんとした気がした。軽いつながりにすがるくらいなら、ひとりの方がいい。勝ち負けを競い合おうとは思わない。でも、覚悟の強さで負けたくない、と、ターミナル駅の人混みにまぎれながら、思った。

間口の広い、どなたでも楽しめますよ〜というものをみんなで楽しく見に行くのもいい。でも、愛想もサービスもわりーけど、気合い入れて見たらハンパないよ、というものがあってもいい。

やってる方と見てる方、お互いの気持ちが試されるような時間の中で、その向こう側に透けて見えるものに目を凝らすのが好きだ。勝ったのか負けたのかよくわからないまま流れて行く日々に、自分の輪郭がどうしようもなくぼやけてしまう時、私はまた導かれるようにそういうものを見に行くと思う。おそらく、ひとりで。

# 2　オンリーワン、ナンバーワン

　私も妹もまだ20代で独身だった頃、篠原家では、新年明けて三が日、家族で温泉飲んだくれツアーが恒例となっていた。行き先は秩父あたり（なので正確には温泉ではなく鉱泉である）。免許を持っている父と妹が交代で運転の二泊三日の旅は、私と妹が結婚するまで10年近くも続いた。

　元旦は実業団駅伝をテレビで見ながら支度をすることから始まり、出発後は、車のラジオでサッカー天皇杯決勝を聴いているうちに宿に着く（まだカーナビだの車でテレビだのという時代ではなかった）。篠原家は妹を除く3名が救い難いほどの酒飲みのため、飲む→風呂→飲む→風呂、と人間の新陳代謝の限界に挑戦し、当然の如く二日酔いの翌朝は、迎え酒の冷たいビール片手に宿のテレビで箱根駅伝往路。

移動の車中のラジオで続きを聴き、終わるとラグビー大学選手権を聴く。途中で立ち寄る蕎麦屋のテレビで高校サッカーを眺め、札所巡りなどして二泊目の宿に着き、飲む↓風呂（以下省略）。最終日の朝再び二日酔いで冷たいビールと箱根駅伝復路。

ウチの息子が生まれてからは、日程もメンツも孫中心にシフトし、何より両親も私も寄る年波で年々酒量が落ち、もはや飲んだくれツアーの面影はないが、正月プチ旅行はいまも細々と続いている。そして、いまでも私にとって箱根駅伝は二日酔いのかほり、と言うか、毎年箱根駅伝を見るたび、あの酒とバカのチキンレースだった幾つもの正月を思い出す。

## 母は強し、とか人は簡単に言うけど

さて2014年。サッカーファンにとっては、いよいよワールドカップイヤーが明けた、ということで、ブラジルに向けて早くも胸躍らせている方も多いのかなと思うが、今回の雑食は、来月開幕する冬季オリンピック、ソチ大会に思いを馳せつつ。

オリンピック代表の選考を兼ね、結果的に、安藤美姫、織田信成、小塚崇彦に〝引導〟

を渡すこととなった12月のフィギュアスケート全日本選手権。ああ、贅沢なメンバーで戦って来たんだなあとあらためて思った。ブランクのあった安藤選手はともかく、男子ふたりは展開によっては充分選ばれるチャンスがあった。黙って悔しさを噛みしめた小塚選手。自らのスケート人生を「涙」と表現した織田選手。そして、安藤選手も立派だったと思う。

力はあるのに、どこかがかすかに投げやりで、ほんのわずかにやけくそで、だから安藤美姫の演技は華麗だったけれどいつも決定力に欠けた。妖艶な大人っぽいプログラムであればあるほど、むしろ膨れっ面の臆病な少女が透けてしまうようなところがあった。その弱さに多くの手が差し伸べられたはずだが、どの手も結局彼女の欠落を塞ぐことは出来なかった。

子どもは、言い訳にもなるし、動機にもなる。とりどりに揺れたことと思う。母は強し、とか人は簡単に言うけど、そんなに簡単じゃない。全然、簡単じゃない。でも、彼女に必要だったのは、矢面に立って守ってくれる人ではなく、自分が矢面に立って守るべき存在だったということだ。だから、ダンナは誰でもいいですよ、シアワセなら。

おそらく最後の晴れ舞台となった全日本選手権。勇敢な選択の末ようやく腹の据わった安藤美姫の演技は、いろいろな意味で全盛期に及ばずとも、力を尽くした美しいものだった。これでいい、と思わせる覚悟の深さが伝わるものだったと思う。敗れ去ることで満ちる月もまた、ある。織田選手、小塚選手ともども、次のステージに幸あれと心から祈りたい。

## フィギュアのジャンプは「らせん」である

何を隠そう、真央ちゃん大好き、である。

体格・体型でどうしても難のある日本人選手が、手足の長い外国人選手を相手に技術の高さで堂々と渡り合う姿は痛快だけれど、フィギュアスケートは美しさを競う競技でもあるので、やっぱりお人形みたいな外国人選手はそれだけで有利だよなあと思うことも多かった。

だから、最初、ほんとうにびっくりした。手足と胴体と頭の完璧なバランスに、いまでもいちいち驚く。いちいちうっとりする。氷の上に立っただけでまず10点、とかわけわからないこと言いたくなる。カンケーないのに自慢したくなる。見て見て、ウチの真央ちゃん、なんてきれい！

女子選手として世界で初めてトリプルアクセルを成功させたのは伊藤みどりさんで、88

年のこと。その後、国際大会で成功させたのはわずかに4人。04年の浅田真央が最後である。イノセントなたたずまいから繰り出される大技。おそらくそれを支えていると思われる内面の激しさ。純粋培養の強さと弱さ、大人になる難しさ。きれいなだけじゃない、一筋縄ではいかない、浅田真央、という物語。

らせん、のイメージが、好きだ。ぐるぐると円を描きながら、でもほんのすこしずつ上へ。それは、ゼロを重ねていく、というイメージでもある。数え切れないNothing. でもきっとそれこそがEverything. 日々がただのくり返しにしか思えないような時、らせん階段を思い浮かべる。空に向かい、ほんのわずかでいい、高くあれと願う。ある時、ふと気づいた。フィギュアのジャンプって、らせんだ。

パッケージではなく、ピンポイントを研ぎ澄ます誇り。こだわって、挑んで、敗れて泣いたバンクーバー。あれから4年。浅田真央は今回もきっと、ソチのリンクに3回転半のらせんを描こうと試みるだろう。しかも2度。ディフェンディングチャンピオンであるライバル、キム・ヨナの迎撃っぷりにも大いに期待しつつ、見届けたいと思う。

## 身の丈より、ほんのすこしだけ上を目指すこと

2月21日。アイスバーグ・スケート・パレス。フィギュアスケート最終日、女子フリースケーティング。不意に気づく。ここ何年も女子フィギュアの頂点を争って来たふたりは、ふたりともアジア人だった。そして泣いても笑っても、この日を限りに我々は、この類い稀なふたりのアジア人スケーターを失うのだ。

一番が好きだ、と言うか、一番を目指す人が好きだ。だから、世界中から一番を目指す人が集まって、順当に、あるいは予想外に勝ったり負けたりするオリンピックが好きだ。「もともとそれぞれオンリーワンなんだから、ナンバーワンにならなくてもいい」と呼びかける歌があった。馬鹿言っちゃいけない、と思った。

死ぬ気でナンバーワンを目指した人にこそ、オンリーワンの称号はふさわしい。あとすこし、あとちょっと。その道の、なんと遠いことか。でもその道を行かなければ得られないもののなんと多いことか。誰もがはなから身の丈で生きてしまったら、きっと世界はあっという間に滅んでしまうだろう。

長野7位、ソルトレイク6位、トリノ5位。今度こそ表彰台をと挑んだバンクーバーで

4位に終わったモーグル上村愛子は、「なんでこんなに一段一段なんだろう」と、文字通り笑いながら泣いていた。

身の丈より、ほんのすこしだけ上を目指すこと。その困難さ。その美しさ。上村選手の積み重ねて来た一段一段を、浅田選手の描き続けて来たらせんを思う時、願いが届く瞬間ではなく、届きたくて届きたくて走り続けた名もない日々こそが、かけがえのない「唯一」であると、信じる。

何を犠牲にして、何を得るの？　と、時々聞きたくなる。でも聞かない。人魚姫は声と引き換えに足をもらって、愛するひとに会いに行く。そして思い叶わず海の泡と消える。大切なのは、なれたかなれなかったかではなく、どこまでなろうとしたか、ということ。その心意気が好きだ。

我ら凡百には想像もつかない闇をくぐり、ナンバーワンを競い合う光の中へ。唯一の日々を過ごした者たちの祭りが始まる。

## 3　ひとりで闘う、ということ

ひとりずつ、がんばる
ゆるぎない「ひとり」を目指して
AON
26

私が高校生の頃、音楽はまだアナログ盤で、30センチのLPやドーナツ盤を町のレコード屋さんで買うという時代だった。バイト代を握りしめてレコード屋さんに行き、さあ今月は何を買おう？　とわくわくしながら物色する。好きなアーティストの楽しみにしていた新譜目当ての時もあったけれど、当時の私が好きだったのが、「あ行」だった。個人名で仕切りが作られている売れてる人じゃなくて、それ以外の人たちがまとめて突っ込まれている50音別のコーナー。そこを引っかき回しては、タイトルやジャケットでなにか「匂う」ものをいつも探していた。

当たりもはずれもあったけれど、思春期の真っ只中、花丸付きのへそ曲がりだったので、大事だったのは、私しか知らないもの、ということ。友だちに話して「誰？　知らない」と言われること。自分だけの宝物を探すような気持ちだったなあと思う。

そんなふうにして見つけた一枚に、まだ無名だった尾崎豊さんのデビューアルバム「十七歳の地図」があった。その時まさに17歳だった私は迷わず手に取り、そのアルバムに出会ったことは、のちに音楽を始めるきっかけのひとつになった。ちなみにその後デビューしてからは、「さ行」の悲哀を存分に味わうことになるのだが、これはまあ余談。

もう20年近く前、趣味やクラブ活動のひとつとしては身近だが、プロスポーツとしては日本では影の薄かったテニスを見ることにハマってしまったのも、思えば、私しか知らないもの、だったからかもしれない。錦織圭選手の活躍で、ここ数年注目度アップ、中継も増えてうれしい限りだが、「あ行」好きのへそ曲がりとしてはなんとなく痛し痒し、かな（笑）。

## 100年ぶりの猛暑と往年の名選手たち

テニスには1年間にグランドスラムと呼ばれる4つの大きな大会があって、1月の全豪、5月の全仏、6月の全英、8月の全米を指す。年が改まり、シーズンが始まって最初のグランドスラム大会となる全豪オープン。日本は真冬だが、南半球のオーストラリアは真夏。寒さに弱い私は、毎年うっとりしながら画面の中の陽射しを眺める。

特にテニスに興味のない方でも、ニュースでご覧になったかもしれない。２０１４年、開催地のメルボルンは１００年ぶりという熱波に襲われ、大会２日目の１月14日から４日間にわたり、最高気温が40℃を超えるというものすごいことになった。

コート上は照り返しでさらに暑くなるので、50℃近かったという話。選手たちはみんなぶうぶう言ってたし、さすがに中断したりもしてたけど、画面で見る限りみんな大体いつも通りテニスをしていた（笑）。ニンゲンってすごい。さらにすごかったのは、熱波最終日17日の最高気温は45℃で、18日はいきなり23℃。メルボルン恐るべし。あちらの太陽はジェットコースターに乗ってるのかしら。

もうひとつ、今回の大会で話題だったのが、男子のトップ選手たちが揃って往年の名選手をコーチに迎えたということ。世界ランク４位のマレーがレンドルと組んで好成績を収めていることが先駆けとなったのだが、復活を目指す６位フェデラーはエドバーグを、チャンピオン返り咲きを狙う２位ジョコビッチはベッカーを招聘。そして錦織圭のファミリーボックスにはマイケル・チャン。オフコートはレジェンドだらけ。さながら代理戦争の様相。

## ナダル相手に接戦に持ち込んだ錦織

同じアジア系、体格には恵まれずとも、フットワークを活かした粘り強いテニスで世界2位まで届いたマイケル・チャンが錦織圭のコーチというのは、理に適った話だと思う。2014年全豪オープンを迎えた時点で世界ランク17位。トップ10を狙う年の始まり。技術だけではなく、おそらく精神的支柱としての、マイケル・チャンという選択。

大会8日目、ベスト8をかけた錦織圭の4回戦。相手は世界ランクナンバーワン、ラファエル・ナダルという大一番。私はもう長いことナダルの大ファンだが、今回ばかりは日の丸鉢巻by松岡修造の気分で試合を見た。

結果的にはストレート負けなので、惜しくない。でも、6-7、5-7、6-7というスコアがいい。第1、第3セットは、6ゲーム先取では勝負がつかず、タイブレークという延長戦にもつれ込んでいる。第2セットも先にブレークしたのは錦織で、5-5までイーブン。打ち合いは対等で、濃密だった。

ナダル相手に4回戦あたりでここまで接戦に持ち込むのはたやすいことではない。3時間を超える勝負を分けたのは各セットほんの数本のショットで、それを取れるか取れないかが、最終的には1位と17位を明確に隔てた。勝てるかもしれない、と、負けるはずがない、の差。距離は確実に縮まっている。とはいえ、紙一重なのか、ようやく視界に捉えた後ろ姿なのか、答えはもう少し先に。

なーんて冷静ぶってますけど、ラッキーでも何でもなく「順当に」4回戦まで勝ち上がる実力を持つ日本人選手が現れたということ、そしてあのナダルと互角以上に打ち合う場面が幾つもあったということ、それだけでほんとうは未だに胸熱だったりするのです。錦織選手、おつかれさまでした。夏に向けて良い準備の日々を。

## 不器用なテニス選手に心惹かれる

私の初めてのテニスヒーローは、グスタボ・クエルテン、という選手だった。クレーコート（土のコート）では滅法強くて97年、00年、01年と全仏を3回勝ち、ブラジル人選手として初めて世界ランク1位にもなったが、芝とハードコートはからっきし駄目で、でもその不器用さがたまらなく好きだった。私がいまでも4大大会の中でクレーコートの全仏オープンがいちばん好きなのは、とにかくこの人のプレーが忘れられないから。

時代は世紀末から新しい世紀に移り、クエルテンが去るのと入れ替わるように現れ2番目のヒーローになったのが、05年に19歳で全仏初出場初優勝したラファエル・ナダル。彼も最初は、全仏での突出した無敵ぶりが嘘のように、ウィンブルドンの芝生ではころっと負けてしまう選手で、その落差の大きい強さと弱さにいっぺんで夢中になったのだった。

クレーのスペシャリストとして選手生活を終えたクエルテンと違って、ナダルはその後何年もかけて芝とハードコートを克服し、生涯グランドスラムを達成（サーフェスの違う4大大会ですべて優勝）する。それはやっぱりとても不器用な道のりだったなあと思う。ちなみにナダルのコーチは、4歳の時からずっと変わらず、実の叔父であるトニ・ナダル。

錦織圭を振り切ったあと決勝に勝ち進んだナダルは、第8シード、スイスの伏兵バブリンカと対戦。ナダル圧勝という予想の中、試合中に背中を痛め、2セットダウンと追い詰められるが、棄権を良しとせず、応急手当ののち第3セットを奪い返すも、第4セットで力尽き、2014年全豪オープン男子シングルスは、バブリンカが初のグランドスラムタイトルを手にして幕を閉じた。

実際、今大会のバブリンカは「あれ、このひとこんなに強かったっけ?」と驚くほど力をつけていたので、ナダルが完調でも相当いい勝負になっただろう。棄権しても、責められなかったと思うけれど、試合を壊さなかったナダルは立派だった。準優勝スピーチで、勝者を称え、関係者やチームにていねいに感謝を述べたあと、「僕はベストを尽くしました」と言ったきり涙で絶句した姿に、日出づる国のへそ曲がりのテニス馬鹿はもらい泣きしながら何度も大きく頷いた。

ある解説者が言っていた。「ナダルは常にマッチポイントのように戦う」。走って走って、拾って拾って。体に負担のかかる無骨で守備的なプレースタイルは、選手生命を縮めるかもしれない。もっと効率のいい、上手な戦い方があるのかもしれない。でもたぶんナダルはそれを選ばない。昨日でも明日でもなく、今日に誠実であることを不器用と呼ぶのなら、私もそれがいい。グラシアス、ラファ。私のヒーロー（要するにただのファンなんです）。

## 歌うことも書くことも突き詰めれば個人競技

どうしてテニスが好きなの？　と聞かれたら、ひとりで闘うものだから、と答える。チーム競技の良さとはまたひと味違う、丸ごとの勝利、あるいは丸ごとの敗北をひとりで背負うための闘い。テニスでは、試合中にコーチが選手にアドバイスすることはルールで禁じられている。試合が始まったら、たったひとりで、もう引き返せない。ライブと同じだなあといつも思う。Show must go on. 幕が上がったら、自分ひとりを頼りに、もう引き返せない。

多くの手や心に支えられているけれど、歌うことも書くことも突き詰めれば個人競技だ。もっと突き詰めれば日々生きて暮らしていくことも個人競技に似ている。勝つことも負けることもあるけれど、自分相手に自己ベストを出すことも出来る。誰もがオールマイティである必要なんてない。長いラリーをくり返しながら、それぞれのかたちで日々をゆく。淋しさに立ち尽くす時もあるけれど、それはきっと、ひとりきり、ではなく、ひとりずつ、の大切な闘いなんだと思うのだ。

# 4　春のせい

センバツを見るともなくぼんやり眺めていたら、いつのまにか、春が来ていた。

高校野球を熱心に見なくなったのは、２回に両校の校歌を流すようになってからだ。調べてみたら99年あたりからそういうことになったらしい。以前は、校歌が聴けるのは勝ったチームだけ。「甲子園で勝って校歌を聴こう」というのは合言葉みたいなもので、それはささやかながら大事なディティールだったのに、なんじゃそりゃ、とがっかりしたのだった。

# 勝っても負けても校歌が聴ける時代に想う

小学生の時、野球マンガ『ドカベン』が大好きで、里中くんに恋をしていたので、高校野球はずっと好きで、子どもの頃は子どもなりに、大人になってからは大人なりに、春も夏も楽しみに見ていた。東海大相模のサードだった原辰徳（現巨人軍監督）。監督はお父さんの原貢さんだった。清原と桑田、ＫＫコンビのＰＬ学園、名将蔦監督率いる徳島・池田高校の豪快なやまびこ打線とエース水野雄仁（→巨人）、星稜高校松井秀喜の５打席連続敬遠も見たし、横浜高校松坂大輔の決勝戦ノーヒットノーランも見た。

選手たちのアンダーシャツが、まだ今みたいにつるっぴかっぴたっとしていなくて、袖だけ濃色でだぼっとしていた頃の話である。甲子園球場のスコアボードは途中から電光掲示板になるが、記憶の最初の頃は手書きで、攻撃終了で大映しになると、数字が書かれた板をえっちらおっちら持つ人影が時々見えた。得点の板はだいたい畳一枚分、という実況解説に、おお、と思ったのを覚えている。

やがて始まった、選手が集まるマウンドに伝令で走った選手がやたら明るくて、ピンチでも笑顔で、みたいな風潮も、それを「清々しい」とか「さわやか」とか言うのも、なんだかしっくりこなかった。ワールドカップ・フランス大会で活躍出来ず、「シュート外したのにガム噛んで笑ってた」とＦＷ城彰二が日本中に叱られるのは98年のことである。それはそれでどうなのよ、とあの時は苦々しさが先に立ったが、いま思えばそのあたりを境に、世紀末、新世紀と続く中で、時代は急激にぬるくなっていった気がする。

甲子園球場に目を戻せば、いまでももちろん、選手たちは真剣だし、勝敗の明暗はグラウンドに刻まれ続けている。でも、勝っても負けても校歌が聴けるようになった時、私の中で何かが終わって、それ以来すこし遠くから高校野球を見るようになった。ほの淋しさと、かすかな歯がゆさとともに。

## 桐生第一・山田投手の４５１球

たまたまそういう試合を見ていたのかもしれないが、２０１４年のセンバツは延長戦が多かった気がする。２回戦の新庄（広島）対桐生第一（群馬）は延長15回双方譲らず引き分け、翌日再試合となり、勝った桐生第一はその翌日準々決勝で龍谷大平安（京都）と対戦。桐生第一の山田投手は、新庄との2試合を２７５球投げて連続完投。準々決勝は７回から登板し、再び延長戦に突入、10回４５１球目がサヨナラ暴投となり、無念の涙を呑んだ。

3連投⁉　451球⁉　大リーグのスカウトマンが聞いたら卒倒しそうな話である。引き分けになった試合と翌日の再試合、TV中継の解説は、日本生命のエースとして社会人野球で活躍し、バルセロナ五輪で銅メダル、アトランタ五輪で銀メダルを獲得、アマチュアにこだわり続け、ついにプロのマウンドを踏むことを選ばなかった名投手、杉浦正則。再試合の中継で連投の話になった時、「まあ高校野球はどうしても連投しないと勝ち進めませんから、2試合くらいは続けて投げられるように練習してると思いますよ」と、さらっと話していて、なんかさすがだねとちょっと笑った。

すべての選手が野球を職業とするわけではないが、だからぶっ壊れてもいいということではもちろんないので、「選手の将来を思って」ときたら「適正な球数で交代させる」と続くのがたぶん正しいということはわかる。でも「なるべく悔いのないよう、とりあえず気が済むまで投げさせる」というのも、ある意味「選手の将来を思って」ではないかと個人的には思ったりする。

ここで無理をしたせいで、山田投手の選手寿命はもしかしたらほんのちょっと縮んだかもしれない。これから伸びたはずの芽が摘まれてしまったかもしれない。でも私だったら「甲子園で3日続けて合計451球投げて、最後暴投で負けるってどうよ⁉」と、このネタいっこで一生酒が飲めるとも思うのだ（笑）。監督のオトナな判断で交代させられて、別のピッチャーが打たれて負けたら、一生ただ悔しいだけなんじゃないかなあと思うのだ。無責任だと叱られそうだが、この稀な経験が、山田知輝くんという青年の将来に華となればいいなあと心から願う。

すべてが、失われるかもしれない、という観点から無難に適正価格で収まってしまったら、つまらない。生涯いちどの明日なき暴走があってもいいじゃないか、と、夏の猛々しい青とは違う、うっすら白い春の空が見下ろす甲子園球場を、今年はいつもよりすこし心近く、思った。

## なんかぬるいんだよ。時代も、時代のせいにしてる自分も

センバツと入れ替わるように海の向こうでは大リーグが開幕。で、去年の日本シリーズの連投でこの人の選手寿命はお幾ら万円縮んだのさ、というわけで、ヤンキース田中将大投手堂々の白星デビュー。何はともあれ、めでたい。

２０１３年11月３日、３勝３敗のタイで迎えた楽天対巨人の日本シリーズ第７戦。前日１６０球完投の田中将大、最終回まさかの登板の場面は、思わずＴＶの前に正座してし

まった。そして久しぶりに画面に向かって本気で声援を送ってしまった。このマー君起用法については、のちにあちこちで賛否両論が巻き起こることとなったが、私はとにかく、居合わせたこと、見届けられたことを、ただひたすらありがたく思った。あんなことはやってる方も見てる方も一生にいちどのことだ。

どちらかと言えば、こんな無茶な采配が出来るのはもう星野仙一で終わりだろう、という思いの方が強かった。ここ一番、昨日も明日もなく腕が折れても投げる。それが、お金を払って見に来てくれているお客さんへの義務だ、なんていう価値観はもはや過去の遺物となりかけている。

かつて、そういう無茶が出来て、なおかつ満場を唸らせる力量と輝きを持った選ばれし暴れん坊をスターと呼んだ時代があった。常に高いリスクの中に身を置き、それゆえに我ら凡百の届かない遥かを手に入れ、一歩間違えば莫大に失うという恐怖と対峙する気概に満ちた博打のような生き方。星野仙一はそれを知っている。なぜなら彼自身が大の付くスターだったからだ。

ひとりごと、はじめ。

行儀なんて悪くていい。ビッグマウス大いに結構。おねえちゃん遊びしてもいい。酔っ払ってケンカしてもいい。ましてや、あわてて会見してペコペコ謝ったりしなくていい。

そのかわり、目の覚めるような、みんなぐうの音も出ないような輝きですべてをねじ伏せて欲しい。その振れ幅を夢と呼ぶ。そういう人に会いたい。そういうものなら金払ってでも見に行きたい。なんかぬるいんだよ。時代も、時代のせいにしてる自分も。

ひとりごと、終わり。

デビューしたのも、メーカーとマネジメントから戦力外通告を受けたのも春だったので、私にとって春はいつも始まりと終わりの記憶が錯綜し、大好きな季節なのだが、ちょっとシニカルな気分になる。

この杯を受けてくれ
どうぞなみなみ注がしておくれ
花に嵐のたとえもあるぞ
さよならだけが人生だ

（于武陵「勧酒」、訳：井伏鱒二）

でも懲りない酒飲みの私は、しーがつーはは一なみーでさけがのめるぞー、と鼻歌を歌いながら、残りすくない桜を見上げている。うまくいくのも、いかないのも、全部、春のせいにしてしまおう。
ひらひらと手を振るように散りながら、花はすでに次の季節の支度を始めている。

## 5　チャンピオンの風景

夏がひとつ、終わってしまった。やっと梅雨に入ったばっかじゃん！　と言われそうだが、テニスの全仏オープン終了とともに、私の中では毎年ひとつ夏が終わる。

季節的にはこのあと6月末から始まるウィンブルドン大会の方が夏に近いのだが、緑の芝生に白基調のウエア（ウィンブルドンではそのように決められている）のウィンブルド

ンより、レッドクレーに色とりどりのウエアが散りばめられたコントラストの強い5月のローラン・ギャロスの方が、夏という感じがする。もうひとつの夏は8月の甲子園だが、ああ土かな、と思う。ローラン・ギャロスも甲子園も、走ったり止まったり、プレーのあちこちでざざっと土煙が上がる。あれが私にとって夏のイメージなのかもしれない。

## 29歳の誕生日に準々決勝で敗れたナダル

2015年の全仏男子シングルス決勝。試合が始まる前からそわそわしたり、ドキドキしたりすることもなく、ああ最終日もいいお天気で良かったなあとだけ思いながら、赤土と青空のあざやかな色合いをのんびり眺めた。6年ぶりにナダルのいない決勝だったからだ。

6月3日生まれのナダルは、毎年全仏の大会中に誕生日を迎える。19歳と2日という若さで初出場初優勝した05年。そこから4連覇。09年に初黒星を喫し、10年から5連覇。そして前人未到の6連覇と10度目の全仏制覇がかかった今年、29歳の誕生日の日に、準々決勝でジョコビッチに敗れた。

かつてない絶不調の理由が、ケガによる一時的なものなのか、年齢からくる衰えなのかは、どちらでもいいと思った。ナダルはこの10年間ずっとそうだったように、淡々と、黙々と、全身をぶちまけるように戦い、堂々と敗れた。何と戦っているにせよ、それがこのひとの生き方で、だから好きなのよと思いながら、私もこの10年間ずっとそうしてきたように、その姿をただ見ていた。

見届ける日は近いのかもしれない。でもナダルはあきらめることなく、もうすでに芝での戦いをスタートしている。「なんとでも言ってくれ。ぼくは全力で戦う」。わかった、ととことん付き合うよ。その勇敢さに於いて、彼はいまも何ひとつ変わらず、私のヒーローであり、チャンピオンだ。

## 意外な伏兵、スタニスラス・バブリンカ

対照的に今季絶好調の世界ランクナンバーワン、ノヴァク・ジョコビッチ。ディフェンディングチャンピオンのナダルを倒した時点で、ついにたったひとつ取れずにいた全仏のタイトルを手にして、生涯グランドスラム（4大大会すべてで優勝すること）を達成し、名実ともにチャンピオンになるのは確実と誰もが思ったが、意外な伏兵に足を取られ、去年に続き準優勝に終わった。ちなみにジョコビッチの全仏準優勝は3回目。過去2回立ち

はだかったのは、いずれもナダル。

表彰式で、鳴り止まない拍手に笑顔で手を振って応えながら、最後は涙ぐんだノール。不運なドロー。雨で2日がかりとなった準決勝。みんなわかってる。赤土の神さまはまたもやあなたに試練を与えたけど、それはあなたがとても強いからだ。

新しい全仏チャンピオンとなった第8シードの意外な伏兵、スタニスラス・バブリンカ、30歳。強烈なサーブと片手打ちのバックハンドが印象的だが、ややムラのある戦いぶりで評価定まらず。でもこの決勝は自ら「生涯最高」と言う素晴らしいプレーで、ジョコビッチを粉砕した。

同じスイスの先輩選手に、ロジャー・フェデラーというあまりにも大輪の花がいるせいか、たいてい仏頂面というキャラクターのせいか（笑）、バブリンカというとなんとなく日陰のイメージ。その分、遅咲きの花は美しかった。そしてジョコビッチには大変申し訳ないけれど、栄光のすべてをほぼ手中に収めかけたスマートなチャンピオンを、無愛想でぶっきらぼうなチャレンジャーが倒す様は、ある種痛快でもあった。

## いつだっていちばん厄介なのは心なのだ

去年の全豪で初のグランドスラムタイトルを手にしたバブリンカは、その後、タイトルホルダーというプレッシャーに苦しんで調子を落とす。「世の中全てがこれまでと違って見えるようになった」。去年の全仏は1回戦敗退。ディフェンディングチャンピオンとして迎えた今年の全豪はベスト4止まり。

チャンピオンの風景。そこに立ってみなければ見えないもの。我ら凡百には到底想像出来ないほどの歓喜と、おそらく恐怖。勝てば当たり前、負ければ容赦なく礫が飛ぶ。強い相手に勝つための努力と、自分に勝つための努力は別物だ。いまテニス界では、トップ選手の多くがチームにメンタルトレーナーを加え、一緒にツアーを回っているという。いつだっていちばん厄介なのは心なのだ。

バブリンカも苦しんだ同じ重圧の中、サッカー女子ワールドカップカナダ大会で、なでしこが戦っている。ちょっと失礼な言い方になるが、大儀見選手はほんとうにきれいになったなあと思う。あの孤高のオーラが出てる感じも素敵。4年前、合コン騒動でほろ苦く注目されてしまった熊谷選手も、ふっくらした女の子がすっきり大人になっていた。男子はいつまでたってもなんとなく少年のままだけど、女子はちゃんと女の人になるんだなあ、と、ヘンなところに感心しつつ。

安藤梢選手無念のリタイア。安藤選手の分まで、なんて思っちゃダメよ。必要なのはあなたの精一杯だ。チャンピオンエンブレムの重みに負けず、胸を張って、どうか良い戦いを。初戦スイス戦、続くカメルーン戦、どちらも文字通り薄氷を履むが如くの辛勝。チャンピオンになるのも、チャンピオンでいるのも、簡単じゃない。簡単なはずがない。見てるだけで、いつも勝手なこと言ってごめんね。勝つことも大事。強いことも素敵。でもきっとそれだけじゃない、そこに立ったことがある人しか持てない光を、私たちにどうぞ見せてください。4年前、あの悲しい春が初夏に移る頃、困難の果ての希望を、言葉ではなく伝えてくれたように。

## もうひとつの「チャンピオンの風景」

最後にもうひとつ、私の好きなチャンピオンの風景を。

ひと月ほど前にボクシングを見に行った。メインはノンタイトルの8回戦という地味なカード。それでも4回戦から始まって9試合が組まれていた。後楽園ホール、東西の選手入場口。花道からリングまでのわずかな時間、選手の入場に合わせて音楽が流れる。アップテンポのダンスナンバーもあれば、ゆったりしたJ-POPだったりもする。4回戦ボーイはほんとに歩いてる間の一瞬。メインになると、しばし音楽が流れてからの「タメあり」入場と差がつく。

きっとそれぞれに、ここ一番の好きな音楽を選んだんだなあ、と思ったら、不意に胸を衝かれた。ここにいるボクサーたちはたぶん、ひとりとして世に名を残すことなく消えていくだろう。時の流れは知らぬ間に、「いつか」を「いつまで」にすり替えてしまうだろう。自分の拳が蟷螂《とうろう》の斧に過ぎないと知ってなお、彼らは、明日の自分のために音楽を選んだ。そう思ったら、くるしくて、でもちょっとうれしくて、鼻の奥がツンとした。

そんなにカッコイイもんじゃないですよって、誰かに聞いたら笑われそうだなと思いながら、感傷的雑食スポーツウォッチャーはリングアナのコールで入場する選手を見ていた。短い花道を歩き終えた無名のボクサーは、セコンドがたわめたロープをくぐってリングに飛び込んだ。音楽がひときわ高鳴る中、その瞬間、彼はまるで、チャンピオンのようだった。

# Ⅳ 憧れと、悔しさと

# 1　月が一番近づいた夜

サッカー日本代表の試合を初めて生で見たのは、２０１４年の3月。ザッケローニジャパン、３カ月後に迫ったブラジルワールドカップに向けてのテストマッチ、ニュージーランド戦だった。一緒に行った息子も代表戦観戦は初めて。何日も前から「香川選手にサインをもらう」と張り切っていて、いちおう「でもさ、５万人くらいいるから、サインしてたら夜が明けちゃうと思うけど」と牽制球を投げてみたものの、「大丈夫！」と根拠なき自信に満ちあふれる姿に胸打たれ（笑）、まあいいやとにかく楽しみだねーと当日を待った。

迎えた3月5日は折悪しく雨。午後はかなり強く降る時間帯もあり、基本的に野球育ちの私は、えーこんなに雨降ってるのに中止じゃないのー、と心折れかけたが、国立競技場

までなんとかたどり着いてみると、大人も子どももカッパ着てやる気満々でまずはビビった。そうかサッカーって雨でも全然やってるもんね。

## 国立最後の代表戦、希望の記憶

代表戦ならではは、ということだったのかもしれないが、ディープからライトまで様々なサッカー好きがグラデーションを作っているゴール裏自由席は、その名の通り自由で、雑多で、楽しかった。キックオフ間近にのこのこやって来た私と息子に、ちょちょっと詰めて席を作ってくれた大学生くらいのお兄さんたちはいい人たちだったし、ちょんまげ隊長ツンさんの元気な顔も見えた。

席に荷物を置いたとたん、アンセムが流れて、前方からやってきたビッグフラッグに頭上を覆われ、おお、と感激。息子は周りと一緒に飛び跳ねながら「おー、にーっぽーん」と高らかに歌い、私は久しぶりにスタジアムで生ビールという至福の時間。

キックオフを待っていたかのように上がった雨。急速に晴れた夜空、メインスタンドの上にはきれいな三日月がかかっていた。この日の試合は、現・国立競技場で行われる最後の代表戦だったということもあり、ああ、お月さまもさよならを言いに来たのかな、なんて思ったりした。

試合の中身は、覚えている方もいらっしゃると思うが、日本代表が前半立て続けに4得点。後半ぽんぽんと2点返されてちょっと締まらない終わり方ではあったけれど、お祭り気分のまままみんなシアワセにタイムアップの笛を聞いた。息子はやっぱりサインはもらえなかったけど、終了後のグラウンド一周の時、スタンドの前の方に駆け下りて行き、戻ってきて「本田と岡崎が〝僕に向かって〟手を振ってくれた」と満足げな顔だった。

よしよし、そのシアワセな勘違いで人は生きて行くんだぜ、とほろ酔いの母も満足し、たぶん見納めになるなと思いながら、古いスタジアムをあとにした。

あれから半年か、と、ちょっと驚くような気分で思う。とても遠い日のようにも思えるし、ついこのあいだのような気もする。いまあの日のことを思い出して何より痛切に感じるのは、あの時は希望だった、ということだ。

わずか3カ月後に胸が痛くなるような結末が待ち構えていると、あの時誰が想像出来ただろう？　実際は、キャプテン長谷部選手、DF内田選手はケガで招集されておらず、本田選手香川選手は所属クラブで難しい日々を送っており、やがて起きることへの布石は明確に打たれていた。でもあの雨上がりの夜、ゴール裏の自由席で私たちはひたすら呑気に胸を躍らせ、「大丈夫」と少年のような根拠のない自信に満ち、雨の匂いの残る希望をちいさくたたんでそれぞれの胸に大切にしまった。

## あれから半年、新しい希望の時間が始まった

まだ何も始まっていなかったからだ、と、いまはわかる。

レコーディングをして、サンプル盤が届いてから発売日までのわずかな日々。一瞬真空になるようなこの日々に、私と私の歌は蜜月を過ごす。賞賛を願い、同じくらい批判を恐れながら、早く届けたい気持ちとこのまま手元に置いておきたい気持ちが振り子のように揺れる。でもまだ何も始まっていないこの時間ほど、希望と呼ぶのにふさわしい時間はないといつも思う。やがて作品は手を離れ、現実に晒される。報われもするし、裏切られもする。そして結局、あの甘やかな希望の時間が忘れられず、性懲りもなくまた作品をつくり始めるのだ。

希望というものは、そういうものだと思っている。子どもには「何度も同じことを言われるな！」と文句を言うくせに、わかっちゃいるけどやめられなくて、その甘辛な記憶でごはん何杯でも食べられちゃうのがオトナなのだ。だから、結果は残念だったけれど、カンケーないのにちょっと胸を張りたいような気持ちにさせてくれたザッケローニジャパン

には、やっぱりとても感謝している。初めての代表戦観戦が、希望の記憶でよかったなあとあらためて思う。

あれからちょうど半年。9月5日、対ウルグアイ。アギーレ新監督を迎えての新体制日本代表がスタートした。サッカーに関しては、相変わらずよくわからず、メンバーもあちこち変わって、あれ、この人誰？　という状態。宇都宮さんのコラムをよく読んで、また一生懸命ついて行かねば。

試合を眺めながら、ワールドカップメンバーで、いないの誰と誰だっけ、と指を折ってみた。急に空き地になってしまったところにそれまで何が建っていたか思い出せないように、新しい建物が何事もなかったように風景の一部になるように、終わりの影を始まりが踏み、その逆があり、チームはつながれて行くんだなあと思った。

2戦目ベネズエラ戦の夜は、折しもスーパームーン。月が地球に最も近づいて、普段より大きく見える満月の夜。お月さまも、一番近くで見たいと思ったんだよ、きっと。

横浜のピッチに満月の魔法はかからず、ちょっと悔しい引き分け。でも、本田選手のフリーキックが久しぶりに壁の向こうまで届いてよかった。慶應ボーイ（この言い方は死語!?）武藤選手の初ゴールもよかった。今回は呼ばれなかったけれど、香川選手も海の向こうで再スタートが切れそうでよかった。ニューカマーたちは初々しくて、華がないなと思ったりもするけれど、きっとこの中の何人かが、そしてこのあとまだ現れるかもしれない誰かが、代表に定着して行く中でみるみるいい顔になって行くのだろう。かつての長友選手のように。それを楽しみに見て行きたいと思う。

ともあれ、私から見ると、強面と言うより、なんとなく狆《ちん》くしゃっぽくて憎めないアギーレ監督のもと、新しい希望の時間が始まったことを心から喜びたい。いつかうんと時間が経った時、あの月を、まだ年若かった希望を、どんなふうに思い出すだろう。

## 錦織の決勝進出はフロックでもラッキーでもない

今回はもうひとつ、愚痴めいた繰り言を。

スーパームーンの前夜、ニューヨーク市郊外フラッシング・メドウズのＵＳＴＡナショナル・テニス・センターで行われたテニス全米オープン男子シングルス決勝。アジア人男子では初めて、日本の錦織圭がグランドスラム大会ファイナリストとして、センターコート、アーサー・アッシュ・スタジアムに立った。

私はテニスが好きで、かれこれ20年近くひっそりと見続けている。錦織選手を初めてちゃんと見たのは10年のウィンブルドン。初戦でいきなり当時ナンバーワンだったナダルと対戦し、こてんぱんかと思いきや、一歩も引かない打ち合いをやってのけ、スコアこそストレートで敗れたが胸熱の大熱戦大健闘にとにかく驚いた（ちなみにナダルはすでに08年の時点で「彼は数年後に必ずトップ10、いやトップ5に入る」とコメントしている）。錦織圭、この時はたち。

ケガが多く、歯がゆいこともありながら、少年から青年へテニスともども育って、マイケル・チャンをコーチに迎えた今シーズン、5月に自己最高位となる9位で念願のベストテン入りを果たし、第10シードで挑んだ全米でついにブレイク。ひとつ年下のライバル、ラオニッチを敗ってベスト8、全豪覇者のバブリンカも撃破して自身初のグランドスラムベスト4、そして現在ナンバーワンのジョコビッチも蹴散らしてまさかまさかのファイナルへ。

生きてるうちにこんな日が来るなんて、というのが、テニス不毛の地と呼ばれて久しい極東のしがないウォッチャーの偽らざる心境だった。もともと論外だったので、テニスとナショナリズムを結びつける習慣はなかったけれど、日本人選手が活躍すればそりゃうれしい。何より今回は勝ち上がり方が良かった。フルセットマッチとなったラオニッチ戦、バブリンカ戦は集中を切らさず競り勝ったし、ジョコビッチに対しては圧勝に近いかたちで堂々と打ち勝った。フロックじゃない。ラッキーじゃない。準決勝までの錦織選手は、強いから、勝つ、というシンプルな迫力に満ちていた。

決勝の相手はこれまた初の決勝進出、第14シード、クロアチアのマリン・チリッチ。198センチの長身から繰り出される強烈なサーブが武器。とは言え同じくサーブが武器のラオニッチに勝ってるんだから、ビッグサーバー対策は心配ないはず。対戦成績も5勝2敗。行けるかも、もしかしたら、行けるかも。

結果はニュースその他で皆さんご覧になったと思う。

私は悔しい。あれから数日経つが、いまでも思い出すと椅子から立ち上がってしまうくらい悔しい。

錦織対チリッチ、決勝のスコアは3‐6、3‐6、3‐6のストレート。これは1回戦とか2回戦によくある、力に差のある対戦のスコアである。そして試合時間は1時間54分。3セットマッチの女子でちょっともつれた試合がこれくらい。テニスは打ち合って競り合うスポーツなので、力が拮抗していればいるほど1ポイント、1ゲームが自然と長くなる。1月の全豪で錦織選手はナダルにストレートで敗れているが、大接戦だったため3時間半を超える試合となった。

## サッカーファンがガタガタ言いたくなる気持ちがわかった!

私は、悔しい。悔しいのは負けたことじゃない。グランドスラムの男子決勝が6-3のストレートで試合時間が2時間を切るという近年希に見る大凡戦だったこと、よりにもよってそれが同胞の試合だったことだ。

ラオニッチ、バブリンカを退けた粘り強いストロークも、ジョコビッチをして「世界トップレベル」と言わしめたバックハンドも、そのガッツの影すら見えなかったことだ。「10シードと14シードじゃねえ」という声が聞こえんばかりに試合途中まで空席の目立ったスタンド、そこに座るはずだった人々に「損した!」と思わせてやれなかったこと、そして私自身もし錦織選手の試合でなければ「今年の決勝はつまんないね」と、見るのをやめてしまっただろうということだ。

ああ、悔しい。

それに——と、あと100ほど言い募ろうとして、私ははたと気づく。サッカーで日本代表が他愛なく負けるたびに(あるいは勝った時ですらも)、ああじゃないこうじゃないとやいのやいの言う人たちを、私はいつも心ひそかに、ち、と思っていた。一生懸命やったじゃんか。いちばん悔しいのは選手なんだから、ガタガタ言うならお前がやれ、と、心の中で悪態をついていた。一緒じゃん！　いまのあたしと一緒じゃん！　でもガタガタ言いたくなるその気持ちが今回初めてわかった。

セルジオ越後さんごめんなさい（号泣）。

日本での錦織報道はもっぱら、ケガで直前まで出場すら危ぶまれたにもかかわらず、決勝まで進んだことを称え、次がある、と前向きである。それでいいと思う。なんだかんだ言っても世界8位は素晴らしい。この悔しい敗北をバネに、トップ10の常連となり、来年はぜひ、グランドスラムタイトルに挑むことも常連になって欲しい。

思えば決勝前夜、わくわくすると言うよりほとんどうろたえながら、あれこれ試合を思い描いていた私は、まぎれもなく希望の時間を過ごしていた。日本の選手がグランドスラムの決勝!?　しかも勝機ありだなんて！　夢見るシアワセな浮かれポンチだった。だからやっぱり、そんな時間を与えてくれた錦織選手に、私はとても感謝する。

でもなぜ、と、それでも言いたくなるのは、たぶん私がテニスに恋をしているからだろう。サッカーは友だち。だから寛大になれる。恋人には、やっぱりちょっと厳しくなっちゃうでしょう？

全米オープン決勝の夜、わずかに欠けていた月は、静かに満ちて、翌晩横浜の夜を照らした、一日ずれてたら、スーパームーンの魔法で錦織くん優勝出来たかなあ、なんて、いい年して恋煩いの少女みたいなことをまだ考えている私は、ほんとうに救い難い。
ＳＩＯＮは歌う。

月が一番近づいた夜
何も聞いたことなかった女の子が
「静かだね」ってパパを驚かせ
箸さえ持てなかった男が　ずっとそうしてきたみたいに
両手で彼女を抱きしめた

（「月が一番近づいた夜」より）

## 2　去りゆく

ＳＩＯＮというアーティストのファンで、長年聴き続けている。メジャー時代はレコードメーカーが一緒だったので、ライブの楽屋にお邪魔してご挨拶させていただいたりしつつ、数年前初めて共演する機会に恵まれ、同じステージで歌うことが出来た。いまでも忘れ難い思い出である。

その夜の打ち上げで、長く続けてきて、みたいな話になった。まだ子どもがちいさくてバタバタしていた私が、やめるきっかけを失ってしまって、と言うと、ＳＩＯＮは笑って、「歌は、やめる理由がないからね」と言った。ああ、と思った。いまでも時々ふと、この言葉を思い出すことがある。そしてやっぱり、ああ、と思う。

## 日韓大会出場メンバーの相次ぐ引退

鹿島アントラーズの中田浩二選手、ベガルタ仙台の柳沢敦選手、立て続けに引退のニュース。ふたりとも日韓ワールドカップのメンバーだったので、サッカー素人の私でも記憶に鮮やかで、ああもうそんなに時間が経ったのか、と感慨深かった。

今後はクラブのスタッフとなる見込みの中田選手は35歳、指導者を目指すという柳沢選手は37歳。簡単な決断ではなかったと思うけれど、たぶんサッカー選手としては十分にベテランという年齢で、惜しまれつつまっとうした幸せな幕切れということになるのだろう。どちらも最後は穏やかな表情が印象的だった。

まっとうする、って、どういうことだろう、と、ふと考える。

たとえば、練習グラウンドで倒れてそのまま還らなかった松田直樹さん。享年34。祈りもむなしく亡くなったと聞いた時、真っ先に思ったのは、最後にその目に映ったのは長年慣れ親しんだ芝生の青だったろうか、ということだった。そして、だとしたらそれは幸せなことだったかもしれないなと思った。

私は松田選手の熱心なファンでもなんでもなかったし、何も知らないくせにと叱られそうだが、エピソード満載の横浜F・マリノスと日本代表時代から、松本山雅への豪快な移籍、その果ての鋭角な死は、やはり松田直樹というサッカー選手そのものだったのではないかなあと推測する。

たとえば、スポーツ選手ではないけれど、泥酔人生の締めくくりに、酔っ払って飲み屋の階段から転がり落ちて頭を打ってそれっきりとなった中島らもさん。享年52。訃報を聞いた時、そのあまりの見事さに拍手したくなるのを堪えつつ、世界一美しいアル中小説「今夜、すべてのバーで」を読み、杯を上げ、勝手にお通夜をした。らもさん、カッコ良過ぎ、らもさん以外無理だよ、こんなの、と笑いながらちょぴっと泣いた。

このように時々、人生の輪郭がどうしようもなく極太の線で描かれている人がいる。人は、生きるように死ぬのかもしれないと、そういう人を見ると思う。道半ばだったり、若過ぎたり、無念さは常にある。でも、時間的な長さだけでは計れないものが、そこにはあるような気がしてならない。

## 走れなくなったら、死ぬ。

去年のアイルランドダービーを制したトレーディンググレザー。外国馬の中では最有力という前評判で参戦した今年のジャパンカップのレース途中で故障し、残念ながら予後不良となった。

サラブレッドは直径10センチにも満たない細い脚で、大型馬なら600キロ近い体重を支え、レースでは時速60キロを超えるスピードで走る。1本でも故障すれば他の脚に負担がかかり別の故障を引き起こす上、臆病で神経質なため、ほとんどが治療や闘病に耐えられないことから、やむなく安楽死処分が取られることが多い。私が好きだったライスシャワーもサイレンススズカも、そのようにしてある日突然ターフを去った。

走れなくなったら、死ぬ。昔、その潔さを心ひそかにうらやましく思ったことがある。厭世的気分にどっぷり浸かっていた時期で、人の不幸は、生き永らえてしまうことなんじゃないか、とか鬱々と考えていた。

欲が深い私は、まだあれも食べたいこれも飲みたい、と、意地汚く立ち直り、人のように生きて行くしかないのだ、と腹を括るわけだが、時々線の太い人生の軌跡を見ると、やっぱり心が騒ぐ。美化するつもりはない。ただ、そういう生き様あるいは死に様があってもいい、それもまた、まっとうする、ということなんだろうと思うのだ。

つい最近では、まさかのアクシデントで負傷しながら、羽交い締めを振りほどくように競技を続行したフィギュアスケート羽生結弦選手。感動したという声とともに、選手生命を案じて眉をひそめる声も上がり、ちょっとした賛否両論騒動となった。

為末大さんはきっと正しい。でも何もかもが、つつがなく、無事是名馬ではつまらない。無責任だと叱られそうだ。でも責任って何だ？　サラブレッドは走れなくなったら死ぬ。死ぬかもしれないから走るのをやめなさいとは言えない。走ることが生きることだからだ。誰も責任なんて取れない。そもそも、責任を持って発言するということは、正論を吐く、またはそれに乗っかる、ということではない。リスクを負う覚悟の問題だ。

## 彼らはまっとうしたのだ

逸れた。

羽生選手という人は、見かけによらずパンチのある人なんだな、だからこそチャンピオンなんだなとあらためて納得しつつ、あれはアスリートと言うより芸人魂のなせる技、とシンガーソングライターでもある感傷的スポーツウォッチャーは勝手に解釈している。金メダルの誇り。ほとんどが自分目当ての大観衆。昨日も明日もない。あんな場面は一生にいちどだ。あそこでやらなきゃ嘘だ。カッコつけ過ぎと妬《ねた》まれようと、あざといと謗《そし》られようと、無様に転ぶ姿ですら武器にしてこそ、一流。

この先何かあったら、ほらあそこで無理したせいだ！　と人は言うかもしれない。言わせておけばいい。自分がそれを言い訳にしない覚悟があるかどうか、だけだ。

誰もがいずれ去りゆく。フィールドから、ステージから、人生から。何が幸せかは、その人にしかわからない。流転の果てに遠く宮古島で、元サッカー日本代表の奥大介さんが亡くなったというニュースを見た時、思った。大切な人たちに囲まれて、幸せだったと言いながら死ぬのと、死んだあと、あいつ幸せだったかなあと、あちこちで空を見上げる人たちがいることと、どっちが幸せなんだろう？

松田直樹さんも、中島らもさんも、あっちで「冗談じゃないよ、まだまだ生きてたかったよ」とぶつぶつ言ってるかもしれない。でも、走ってる姿のまんま死んじゃったんだから、しょうがないじゃん！　それはそれでいいじゃん！　素敵だよ！　と思う。彼らはまっとうしたのだ。生き延び生き永らえるのではなく、生き抜く、というかたちで。

ジミやジャニスが死んだ年齢をはるかに超え、気づけば織田信長に近づきつつある我が身。所詮凡百と嗤いつつ、私は私をまっとう出来るかな、失うことを恐れずにまっとうする覚悟があるかなと、冬晴れの青を見上げながら思う２０１４年師走。幸か不幸か、私はアスリートではなく音楽家なので、やめる理由はまだ見つかりそうにない。

## 3　走る人

自慢じゃないけど、小学校の6年間ずっとリレーの選手だった。幼稚園の頃からかけっこは毎度いちばんで、実際速かったと思うが、どちらかと言えば「全部フライング」（母親談）という強烈な負けず嫌いっぷりに負うところが大きかったと思われる。負けるのイヤ、いちばんじゃなきゃイヤ。2着になろうものなら、もういっかいやらせろと暴れかねない、みたいな。うっすらと覚えているが、幼稚園の時、仲良しの子に先に誕生日が来て悔しくて泣いたことがある。小学校の低学年くらいまでは、男の子に負けるのが悔しくて、しょっちゅう取っ組み合いのケンカをしては先生を困らせていた。

体が大きくなるにつれて走るのは遅くなり、男の子との取っ組み合いもしなくなり、やがて音楽という全然走らないことに夢中になり。時は流れて、負けず嫌いは相変わらずだけど、あの頃フライングし過ぎたせいか、音楽ではさっぱりいちばんになれないまま、現在に至っている。

## 「新しいなー」と感心した青山学院大

元日、実業団、二日三日、箱根。お正月の風物詩となって久しい駅伝は、日本発祥の競技なんだそうだ。初めて競技として行われたのは１９１７年だが、古くは日本書紀の中にも記述があるとか。

２０１５年の箱根は青山学院大の初優勝に沸いた。５区の山登り担当、神野大地選手。かみのだいち。まずは名前がすごいじゃないか、いかにも地に足ついて箱根の山をガンガン走れそうじゃないか。区間新で往路優勝のゴールテープを切り、総合優勝の立役者となった新・山の神は、ゴールしたあとも「イエーイ！」ってな感じで元気いっぱい。いわゆる箱根的な、息も絶え絶えで倒れ込んで、といったテレビ局が大喜びする風情は微塵もなく。

復路も首位を譲る気配すら見せず、史上初めて10時間50分を切る圧勝という快挙は、選手たちの「走っていて楽しかった」「自然に笑っていた」というコメントと、今回の箱根を「ワクワク大作戦」と名付けた、陸上で実績のないサラリーマン出身の監督という異色さで、かつてない色合いとなった。ひと言で言えば、陸上、しかも長距離走にもかかわらず悲壮感のカケラもないということ。レース後の記事をあちこちで拾い読みしながら、いやー新しいなーと感心した。

## 風を見て、なお強さを失わないこと

沢木耕太郎さんに「風が見えたら」というエッセイがある。うんと若い頃に読んだのだが、走りながら風景が見えてしまったことで勝負へのこだわりを失ってしまったランナーを例に、円谷幸吉、瀬古利彦といったストイック代表のエピソードを交え、一心不乱を失い風が見えてしまったら人はもう勝てないのだろうかというテーマを、人生にも置き換えながら問いかける文章だった。

男女問わず、かつてのマラソンランナーは、従順で盲目的で、どこか痛ましさがつきまとうイメージがあった。私も身に覚えがあるけれど、真剣であるということと楽しむということを、なかなか共存させることが出来ない。どっかブレーキかかっちゃう。表面張力のようにはりつめて、はりつめて、息を止めて、ぎりぎりまで我慢して、ぽろっとこぼれる、そんな感じ。

風を見て、なお強さを失わないこと。自分の意思で見て、感じて、自分の意思で走り、殊更に悲壮感で鎧うことなく、楽しむ気持ちも持てること。結局のところ、過酷さですら楽しまないことにはやっていけないんだけど、私がそれを体感してさらに実行出来たのは、ずいぶん歳を取ってからだ。いまはもう大学生でも出来ちゃうんだ。くそお、ヤツら、オトナだなあ。

でもそれはきっと、いいことですね、沢木さん。立ち止まったり立ち尽くしたりすることはあっても、彼らはきっと再び走り始め、結果長く走ることが出来る。ま、へそ曲がりの痩せ我慢派としては、来年はぜひガッチガチの体育会的に突き詰めた大学がひいひい言いながら勝って欲しいとか思うが。

「走る人」になってみた

正月＝スポーツ中継、というのも、やっぱり新年ならではの風物詩。年末年始の主婦はそれなりにバタバタ忙しいので、のんびりテレビの前に座ってばかりいるわけにはいかないけれど、なんとなくスポーツ中継が減ったような気がするのは気のせいだろうか。元日のサッカー天皇杯決勝がなくなったせいかしら。それとも、三が日お酒が抜け切らないまま過ごしたからか。

個人的には正月スポーツ番組でいちばん面白かったのは、今年もとんねるずのスポーツ王。松岡修造憎し（かどうか知らないけど）の一心で、あそこまでテニスうまくなっちゃった石橋貴明はほんとうにエライと思う。ハメス・ロドリゲス相手に、アフロのヅラで飄々とサッカーを楽しんでいた木梨憲武もやっぱすげーなーと思う。

ともあれ、駅伝に限らず、サッカーもラグビーも、新しい年の始めに「走る人」を見るというのは、やっぱりいいもんだなと思う。原始的で、素朴で、強くて、なにせ言葉がいらないというのがいい。ずいぶん前に、元日の実業団駅伝中継のテーマソングをやったことがあるので、そんなことをこっそり思い出すのも楽しい。

で。

年がら年中見てるばっかじゃいかんだろう、ということで、今年は年明け早々、なんと「走る人」になってみた。マラソンは無理（笑）。息子のサッカーチームの蹴り初め、親子大会である。絶対ケガする、ヘタすると死ぬ、と思ってあれこれ口実を設けては回避してきたが、小学校サッカーもこの春でついに終了、最後の親子大会ということで、意を決して参戦。自慢じゃないけど、ほぼ生まれて初めてのサッカー。

どんどんからっぽになるのに、淋しくないのはなぜだろう

まずは高学年連合チーム対父母連合チーム戦に5分ほど。そのあと、高学年母チーム対低学年母チーム戦、15分ハーフの前半フル出場、後半も残り3分あたりまで頑張った。オフサイドだったけど、いちおうシュートみたいなのも打った。

はあはあぜいぜい。

子どものなんと速いこと！　私のなんと追いつけないこと！　追いついても止まれないこと、取られても戻れないこと！　頭の中では、本田ばりの足技、長友ばりのスピード、武藤イケメンシュートのイメージばっちりなのに、ココロとカラダのなんと遠いこと！

はあはあぜいぜい。

往年の負けず嫌い魂にちょっとだけ火が点いて、こぼれたボールをうわーっと追いかけて、これ以上走ったら転ぶ！　というとこまで走って、何にも聞こえなくなって、風を見るどころじゃなく（笑）ボールしか見えなくなって、ラインを割って笛が鳴ったら色と音が戻って、戻った色も音も、ちょっとだけ密度が濃くなった気がして。

サッカー楽しかった。もっと思い通りに動けて、ボールを扱えたら、どんなにステキだろうと思った。何より、「走った」と世界中に大声で触れて回れるくらい走ったのは、いつ以来だったろう。走ってるとどんどんからっぽになるのに、淋しくないのはなぜだろう。体中の空気すら全部吐き出して、それでも満たされてゆくのはなぜだろう。箱根のランナーたちも、もしかしたらこんな気持ちで走ってるのかなあ。

かと言って、明日も走ろう！　と前向きに考えたりはしないんですけどね（笑）。そして、基本の箱根ランナーばりにバテて、終わった直後から4日間にわたって太もも痛くて上がらず、家の中でつまづいてばっかいたのはもちろんナイショです。

# ４　残念の、その先へ

真夏にお正月を迎える南半球。テニスシーズンの始まりを告げるグランドスラム全豪オープンが１月半ばにあるので、毎年この時期は、キンキンに冷えた東京で画面越しの夏の日差しにうっとりする、というのが年中行事となっている。

２０１４年は１００年ぶりという熱波到来で、連日40℃超えてたなあと思い出しつつ、２０１５年はサッカーアジアカップもオーストラリアでの開催だったので、テレビもあっちゃこっちゃ。テニスやってるメルボルンから日本代表戦のニューカッスルへ、いや待て初場所白鵬対遠藤だから両国にも寄らなくちゃ、などと、スポーツウォッチャーにとってはうれしい悲鳴の日々だったのだが。

連覇を目指した日本代表は武運拙くベスト8止まり。追いかけるように全豪オープンでは故障明けのナダルが準々決勝で力尽き、第5シードで多くの期待と注目を集めた錦織圭も同じく準々決勝であえなく敗退。なんかオーストラリア地場が悪いんじゃね？　と言いたくなる敗戦将棋倒し。

で、オチはこれかい、というわけで、年明け残念シリーズの締めくくりは、さよならアギーレ監督、である。

## 選手たちはどんなふうに思ってるだろう？

去年の秋、いわゆる「八百長疑惑」が発覚した時、正直私は「無理じゃないかなあ」と思ったクチだった。まだ疑惑だけで、推定無罪の状態であるとはいえ、1年後2年後に晴れて無罪が証明されたとしても、そのあいだ「かもしれない」指揮官のもとでがっつり勝負ごとをやるのは、私が選手だったらしんどいかもなあと思ったから。

同時に、でもそういうこと関係なく粛々とサッカーやるのがプロなのかな、とも思った。別に代表監督が聖人君子である必要はないし、ピッチ外もタフなヨーロッパで実績を残している監督はやっぱりいろいろな意味でタフで、そういうものがこれからの日本代表が世界と渡り合う上で必要なひとつであるんだろうし。

選手たちもむしろ反発するように、関係ない、と試合に向けてモチベーションを上げているように見えた。ああそうか、本番前は多少のトラブルを抱えていた方が、なにくそ魂に火が点くことがあるよね。実際アジアカップを戦いながら、周囲の雑音をよそに、チームは結束を固めていると徹マガでも伝えられていたので、それはそれで良い方に転がるといいなと思っていたが、結局、アジアカップ終了後急転直下、初のメキシコ人代表監督は、いろはの、い、を言いかけたくらいのところで職を解かれることとなった。

スポーツに関しては単なるウォッチャーだが、私は音楽家の端くれでもあるので、思いを感じながら人前に立つ気持ちが、すこしわかる。だから何かあると、私が選手だったらどう思うだろう？　選手たちはどんなふうに思ってるだろう？　と、わりと自然に考える。

監督が不意に去ってしまったことについて、選手コメントの記事を拾って読んでみた。みんな口々に「残念だ」と言っていた。内田選手の「協会がそうやって決めたなら、俺らがどうこう言う問題じゃない」、このコメントが、たぶん選手の基本的なスタンスなんだろうなと思った。

## 余計なこと言うとクビになっちゃうのかしら

　まあ、今回の件は事情が事情でもあるし、コメントしづらいのはわかる。やはり内田選手の「協会の気持ちも監督の気持ちもわかる」というのは、精一杯正直な気持ちだろう。代表監督を決めるのは協会。自分たちは誰が来てもその監督に呼んでもらえるように準備をするだけ。そのあたりにきれいに落とすしかないのも、わかる。

　でも、すれっからしのシンガーソングライターはつい思ってしまうのだ。なんかみんなそんな粛々としてばっかでいいの⁉　ホントにいいの⁉　だって実際にサッカーやるの選手じゃん、選手が主役じゃん！

　おととしの秋、Jリーグが2015年度から2ステージ制に移行することが決まった時も、私がとても不思議だったのは、決定までの過程含め、Jリーガーたちの声がほとんど聞こえてこないことだった。あの時、専門家からそうじゃない人までいろんな人があちこちであーでもないこうでもないと議論を戦わせていたけど、私が不勉強だったのかもしれないが、実際にプレーする選手たちからは、「僕らは一生懸命サッカーやるだけです」みたいな定型文が途切れ途切れに聞こえてくるだけで、なんか余計なこと言うとクビになっちゃうのかしらと思った記憶がある。

つい先だっては、白鵬が審判部の判定に盛大に文句を言い垂れて盛大に叱られていた。まあ、あれはたぶん感情的なものが根っこにあるので、ちょっとなんとも言えないけど、言いたいことあったら言うぞオーラがばんばん出ていて、相撲同様とにかく迫力があった。テニスのトップ選手たちも、日程がハード過ぎるとか、今年のサーフェス速過ぎとか遅過ぎとか、納得いかないことは会見で記者たちを相手に、時には協会に向かってはっきり意見を言う。要するに、通る通らないは別として、仕方ないってことでスルーしないよ、オレらもきっちりやるからそっちもきっちりやれよ、と釘を刺すのだ。当然言われた側は気を引き締めざるを得ない。

## ものすごくものを言いづらい時代だけれど

まあ相撲もテニスも個人のオレ様競技なので、サッカーには当てはまらないのかもしれないとは思うが。アジアカップの最初の方で、本田選手が審判のレベルが低いと文句言って罰金食らっていたし、やっぱりチームスポーツだから、個人が個人的な意見を言い始めると成り立たないということなんだろう。

ただでさえすぐに炎上とか騒ぎになるから、名の通った人たちにとってはものすごくものを言いづらい時代だ。でも時には、リスクに臆せず言うべき意見は言う、その意志や心意気に、人の心は集まるんじゃないかな、と、ひとりよがりのスポーツウォッチャーは思う。私ごときが想像し切れないほどのプレッシャーの中でピッチに立つ人の、残念、の、その先の言葉が聞きたい。

昔、阪神のエースだった江本孟紀さんが、「ベンチがアホやから野球できへん」と言って問題になり、結局引退した、という騒動があった。そんな日本プロ野球界ですら、ものすごい不格好だったたし最初で最後かもしれないけど、その後選手たちの意識が高くなったかどうかわかんないけど、04年にいちおうストライキやったしね（笑）。

これを書いている間にも、誰にオファーしたらしいだの断られたらしいだの、新監督をめぐるニュースが飛び交っている。残念だ残念だと嘆きながらサッカーだテニスだとうつつを抜かした、２０１５年最初の１カ月。その日々に不気味な地鳴りのようにまとわりついていたＩＳによる人質事件も、残念としか言いようのない結末を迎えた。

まだまだ寒さは厳しいけれど、立春も過ぎて、暦の上では、春。４月から中学生になる息子の新しいボールは、初めての5号球。ああ、こんな節目もあるんだなあと感慨深かった。希望はいつも、すごくちっちゃい。でも見逃さなければ、その光はとても強い。我が家のテラスから見える桜、まだ固く閉じた蕾。残念の、その先へ、いまは、待つ時期。誰のせいでもなく、誰のためでもなく、時が来たら花は咲くと信じて。

## 5 旧友

ふと気づけば早いもので、ブラジルワールドカップからもう1年近く経ってしまった。去年の今頃は開幕前夜、オレオレだったなあと思い出す。ザッケローニさんはお元気かしら。あのあと予想外の監督交代劇で人がわさわさ入れ替わったりしたので、もう1年と思いつつ、たった1年でずいぶん景色が変わったなあとも思う。

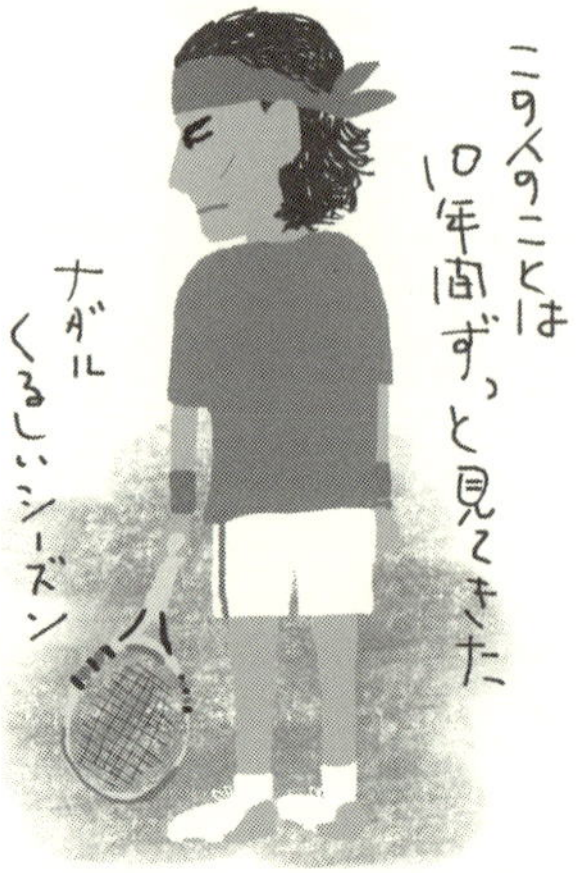

この人のことは
10年間ずっと見てきた
ナダル
くるしいシーズン

不意に、ラグビー見に行こう、と思い立ったのは、世間が連休モードに入った4月の終わり。サッカーのワールドカップは終わったが、何を隠そうこちらは今年がワールドカップイヤーである。かつてワラビーズを率いた名将エディー・ジョーンズヘッドコーチのもと、日本代表は現在世界ランク11位。9月のイングランド大会に向けてテストマッチがあったはずだと調べてみると、あった。5月2日、秩父宮にて、対香港代表戦。

私の中では、ラグビーは真冬の寒さ張りつめた冬晴れの午後に見るがよろし、なのだが、シーズンオフである初夏の代表戦は、それはそれでやはり味わい深い。昔、ウェールズ代表とのテストマッチを見に行ったのもこんな時期だったなとなつかしく思い出しながら、コンビニで自由席のチケットを購入。1500円也。代表戦でこのお値段である。あ、あんまり変わってないんだなあと安心しつつ、やっぱりいまでもラグビーは日本ではマイナースポーツなのよねと苦笑しつつ。

当日は朝から来たるべき夏の大予告編的な晴れっぷり。強い日差しに気温もぐんぐん上昇。外苑前の交差点から北へ伸びる、通称スタジアム通り。いちばん手前に秩父宮ラグビー場、その奥に神宮球場、突き当たりに見えるはずの国立競技場はすでに取り壊しが進んでおり、ぱかっと空が見えてちょっと淋しかった。お弁当や飲み物を売る即席屋台が連なる通り沿い。毎週末秩父宮に通いつめていた頃は、いつも行きがけにこういう屋台で缶ビール買ったなあと思いつつ、コンビニで飲み物と軽食を仕入れて、いざ、スタジアムへ。

## ただいま、を言うみたいに

自分でもびっくりしたけれど、秩父宮を訪れたのは11年ぶりだった。なぜはっきりわかるかと言うと、最後に来たのはいま12歳の息子が1歳の時だったからだ。歩けるようになった息子を連れて、どうしても秩父宮に行きたくて、いちどだけチャレンジした。でも、そこらじゅう歩き回ってじっとしてないのを追いかけてばかりで、とてもじゃないけど試合を見るどころではなく、無理、これは当分無理、とあきらめたのだった。

独身の頃は、それこそ思い立ったが吉日でふらっと出かけたけれど、家族を持つとやっぱりどうしても機動力を失ってしまう。子どもが大きくなり、すこしずつ自分の時間が持てるようになっても、いちど切れた糸はなかなかつながらず、やがて出かけること自体が億劫になる。仕事ならまだしも、家族を置いてひとりで遊びに行くのは気がひける。かと言って、家族で動くとなればまたいろいろややこしい。そんなふうにぐずぐずしているうちに時間が経ってしまったなあという感じ。ま、私がめんどくさがりだったんだなあとも思う。愚痴のような余談。

それにしても11年か！　そりゃそうだ、あの時スタンドをよちよち歩き回っていた息子は、ちゅうがくせいになっちまった！　時の流れの速さにほとんど圧倒されながら、正門をくぐり、右手奥のバックスタンド入口へ。

入ってすぐ、左側にグラウンドが見えた途端、ふわっと芝生の匂いに包まれる。この瞬間が大好きで、いつもしばし立ち止まっては胸いっぱいに緑色の香りを吸い込んでいた。この日も、こっそり深呼吸した。ただいま、を言うみたいに。

代表戦は14時キックオフだったけれど、せっかくだから目いっぱい楽しんじゃおうと思い、前座試合、関東大学生代表対ニュージーランド大学生代表から観戦。午前11時、お構いなしに缶ビールで乾杯するシアワセ。

缶ビールオッケー。たぶん瓶もオッケー（昔、友だちとワインのボトルを持ち込んだことがある）。いやー気楽でありがたい。でも、これもまたマイナースポーツならではのユルさなのだろうなあと、そこはかとない哀しみに襲われつつ。ルールの厳しさは、そこに関わる人数に比例するのだから。代表戦が始まったあたりで、両ゴール裏は2〜3分の入り。メインスタンド、バックスタンドは8分くらいの入り。秩父宮ラグビー場、収容人数は約2万5000人。

お客さんたちの代表ユニ、またはプラクティスシャツ着用率高し。大人はもちろん、赤ちゃんも含めて子どもはほとんどユニ着。つられて私も思わず購入。そして、若者からおじいちゃんまで、おそらく現役の、おそらくかつての、ラガーマン率高し。好きな人がぎゅっと集まってるんだなあという感じ。ちょっと余白多いけど（笑）。

## 変わってなくてよかった。秩父宮が、じゃなくて、自分の気持ちが

ラグビーはコンタクトの激しいスポーツで、うおーっと集まって、ごりごりやって、ピーっと笛が鳴って、何があったのか謎、みたいなことも多いので、そのあたりの詳しいことは実際にやったことのある人じゃないとなかなかわからないと思う。だからお客さんに、現役選手、経験者が多いのだろう。たぶんプレーヤーは煩雑なルールの中、想像を絶する緻密さで動いている。彼らはその目線で楽しむ。

でも、私のように、もちろんやったことないし、ルールもあやふや、みたいなヤツでも大いに楽しめるのは、ラグビーが、あれこれとっぱらったところでものすごくシンプルで人間臭いスポーツだからだ。文字通り体を張ってぶつかり合い、倒れたら起きる。そしてまた走る。何度でも。普段忘れているけど、とてもとてもよく知っているものがそこにある。それがわかると、ルールは句読点に過ぎなくなる。

久々に見て盛り上がっちゃったので、褒めすぎなんですけどね（笑）。ラグビー式、と付くけれど、フットボール。２０１９年には日本でワールドカップが開催されるし、興味のある方はぜひいちど。テレビではなく、生で。芝生を蹴って走る音、人と人がぶつかる音、倒れる音、立ち上がる音。客席は固唾を飲んで耳を澄ます。ラグビーは、聴くスポーツ。ピッチから流れてくる歌を聴くスポーツ。

香港代表に41－0と圧勝し、日が傾いてスタンドの影が落ちたピッチを見ながら、変わってなくてよかったな、と思った。秩父宮が、じゃなくて、自分の気持ちが。古い友だちに久しぶりに会うような気持ちで、話すことあるかな、前みたいに楽しめるかなとちょっと心配だったけど、11年という歳月を経てなお、自分でも驚くくらいラグビーが好きだった。それがわかって、うれしかった。

それぞれの体格、能力に応じた15のポジション。決して自分より前にボールを投げずに、それでも前進するという哲学。そして、勝利を至上とせず、その勇敢さを以って旨とする精神。楕円球をめぐる、たかが陣取り合戦。でもそこを流れる美しい通奏低音が好きだ。大人ぶって、忙しぶってるうちに、人生はどんどん過ぎて行く。いろんな理由を言い訳にすり替えたらダメだ。ありがとう、旧友。また会いに来るね。

そんな気持ちで秩父宮を後にした翌日見た、ボクシングのタイトルマッチ、賛否両論入り乱れたいわゆる「世紀の一戦」。パッキャオ対メイウェザー。

カネだけがめあてだったら、けっしてこんなことはできなかったはずだ。烈々の炎をあげていたのは、名誉を貫く精神の高揚、富や肉体の衰えがもたらす自然の成り行きをきっぱりと拒否した「不自然の決意」である。だからこそ、人々は巨漢同士の殴りあいに捧げるものとはまったく異質の、もっぱら精神に向けての喝采を惜しまなかった。

（佐瀬稔『敗れてもなお』収録「スピリチュアル・ボクサー」より）

そういうものが見たいと思っていた私は、たぶんおめでたくて欲の深い理想主義者なんだろう。ただ無性に、悔しかった。

# 6　ふたつのハグ、そして雨は降り続く

雨が降っている。梅雨だから仕方がない。ここしばらく、降ったような降らなかったようなという梅雨ばかり過ごしてきた気がするのに、今年はなんだか思い出したように降り続いている。ナダルがウィンブルドンで負けた夜も降っていた。なでしこがバンクーバーで決勝を迎えた朝も、東京はひんやりとした雨が降っていた。

サッカー女子ワールドカップカナダ大会。連覇を目指して挑んだ日本代表なでしこジャパン。予選ラウンドが始まって、正直これはもうどこで負けるか、あとは負けっぷりだけだなと思っていた。大会が始まったばかりの時に書いた前回の雑食、なでしこについてはとても歯切れが悪かったと思う。試合を見たけれど、書きたいことが何も見つからなかっ

たからだ。

決勝ラウンドに入って、文字通り薄氷を踏むように勝ちを拾いながら、決勝進出が決まった時も印象は変わらなかったけれど、もしかしてこれでいいのかなとも思った。ワールドカップ2大会連続ファイナリストというのは、それだけで十分評価に値する快挙だ。もちろん、ここまで来たからには勝てるといいな、と思ったけれど。

結果は、皆さんもご覧になった通り。私は評論家でも専門家でもないし、なでしこの戦いぶりについては、心ある記事が多く書かれているので、そちらにお任せする。サッカーに詳しくない感傷的スポーツウォッチャーとして思うのは、ワールドカップの決勝はやっぱりラッキーでは勝てないし、ラッキーで勝ってはいけない、ということだ。だから、とてもしんどいけれど、これでよかったんじゃないかなあと思っている。堪えて堪えて、最後の最後での惨敗。いい負けっぷりだったと思う。誤解を恐れずに言えば、個人的にはあやっと腑に落ちた、という決勝だった。

## ブロンズボール賞を受け取りながら宮間が見せた表情

みんな、決勝まで残ったんだから十分素晴らしいことだ、よく頑張ったと言うだろう。

それは真実だし、その言葉は発した人が想像もつかないくらいのあたたかさで、選手や関係者の皆さんの胸に沁み込むだろう。でもほんとうはみんな知っている。選手たちも知っている。優勝と準優勝では天と地ほど差があることを。

決勝に進んだだけで、なんて、失礼な話だ。優勝でなければゼロだ。世界を相手に、そのぎりぎりを、その厳しさをとんでもなく突き詰めてきたはずだ。敬愛するスポーツライターのひとりである藤島大さんは言う。「敗者には何もやるな」。ただひたすら悔しがるのみ、と。誰がなんと言おうと、岩清水選手は前半14分のクリアミスを死ぬほど悔やまなければならない。生半可な賛辞でお茶を濁すべきじゃない。彼女が誇り高く、また始めるために。

逆に言えば、立ち直るためには、敗北は完璧であればあるほどいい。結局のところ、どれだけ得られるかということは、どれだけ失えるかということで、人生は意外とフェアに出来ている。だからこそ、今回の強烈な敗北には意味があり、価値がある。そしてチャンスだと私は思う。

宮間主将、立派でした。でも私はあなたがサッカー以外の荷物をたくさん背負って、あちこちで立派だ立派だとほめられるたびに、早く宮間さんが立派でなくても済む時が来ればいいのにとこっそり思っていた。ふざけたヤツにふざけんなと言ったり、わがままに自分のサッカーのことだけ考えられたらいいのに、なんて、勝手なこと思っていた。くるしかったと思う。おつかれさまでした。ブロンズボール賞を受け取りながら、悔しくてはらわた煮えてるみたいだった表情、しかと受け止めました。

## ウォルツィング・マチルダ＝トム・ウェイツ

大会と名の付くものはすべて、終わってみればたったひとり、たった1チームの勝者と夥しい敗者の山である。心に残った負けっぷりを、すこし。

準々決勝の前に読んだある記事で、相手のオーストラリア女子代表が、本国では「マチルダス」という愛称で呼ばれているということを知った。オーストラリアで国歌に次ぐ愛唱歌である「Waltzing Matilda」の歌詞の中で、たったひとりで旅をする放浪者が、淋しさを紛らわすため、たったひとつ抱きしめることの出来る毛布に付けた名前が、マチルダ。「なでしこ」が日本の女性らしさを表しているように、オーストラリアでは最もオージーらしい女性の名前として定着しているのが「マチルダ」なのだそうだ。

ウォルツィング・マチルダ、と聞いて、トム・ウェイツじゃん！　と思った私はいちおう音楽家の端くれ。アメリカの酔いどれ吟遊詩人トム・ウェイツの名曲、美しい美しい「Tom Traubert's Blues」のサビでくり返されるWaltzing Matildaというフレーズは、調べてみたらやはりオーストラリアのポピュラーソングからの引用だった。そうだったのかあと、ちょっとびっくり。ウォルツィングは、三拍子のワルツではなく、あてもなくさまよう、の意。古いCDを引っ張り出して、あの声が、you'll go waltzing Matilda with me（俺と一緒に放浪するんだ）と歌うのを聴きながら、サッカーにトム・ウェイツっておっそろしく合わないなあ、でも不思議なつながり、なんかうれしいなあと思って、ひとりでニヤニヤしていた。

そんなこともあって、なんとなくオーストラリアに肩入れしながら試合を見てしまったのは、ナイショ（笑）。実際のマチルダたちは、放浪者とは程遠く、まっすぐに目標を定めて厳しいグループを勝ち上がり、ディフェンディング・チャンピオンを相手に果敢に戦い、敗れた。トム・ウェイツにはやっぱり全く不似合いな青空と人工芝のあざやかな緑。でも、へたり込むオージー・イエローのユニフォームの上に、嗄れたブルースが一瞬、流れた気がした。

## ああ、女の人の大会を見てるんだなあ

準決勝、対イングランド戦。同点のまま後半40分を過ぎ、こりゃ延長だよ、トイレ行っとく？　なんて言いながらちょっと伸びをした瞬間に、それは起こった。

タイムアップの笛が鳴ると、不運なオウンゴールを決めてしまったＤＦバセット選手にベンチから選手が駆け寄り、両手で顔を覆って前かがみになったバセット選手を抱え込むように胸に抱いた。そして自分たちを映しているテレビカメラを噛みつかんばかりの勢いで睨みつけ、視線から隠すようにさらに懐深く失意のチームメートを抱きしめた。

あの一瞬の表情が忘れられない。世界中がかかってきても戦ってやるという顔だった。あれは、女にしか出来ない顔。大事なものを守る時の顔。ああ、女の人の大会を見てるんだなあと、その時思った。

このシーンはのちに、決勝のあと、長いこと海堀選手を抱きしめていた大儀見選手の姿と重なる。イングランド選手の猛々しい強さとは異なり、それは同じ痛みを抱えた同士の奏でる、共感に満ちたとても静かな子守唄のような姿だった。

忘れ難いふたつのハグの記憶を残して、ワールドカップは終わった。悔いはないなんて

嘘だ。ぬるい拍手に耳を貸すな。今日も雨は降り続く。すべての肩を等しく濡らす。敗北から始まる新しい門出に祝福を。心から。

## 7　2015年夏の覚書

選手としても活躍し、監督として母校の慶大ラグビー部を2度の大学日本一に導いた名将としても知られる上田昭夫さんが急逝された。まだ62歳という若さだった。私がラグビーを見始めたのは97年。上田監督のもと、慶大が低迷から脱し、創部100周年で劇的な復活優勝を果たす99~00年のシーズンは、秩父宮で、国立で、幾度となくタイガー

ジャージの快進撃を目撃した。テレビのキャスターも務めていた上田さんは、代表戦などでは巧みな話術を活かして場内解説をされていて、ラグビー初心者だった私はいつも上田解説を楽しみにしていた。

台風一過、これでもかと日差し降り注ぐ夏の午後、突然の訃報に接し、早すぎるノーサイドに呆然とした。あんまり悲しくて、何日も何日も、ご冥福を、という言葉が出なかった。もうすぐワールドカップなのに、4年後には日本にワールドカップが来るのに、いまこそ上田さんが必要だったのに、いまこそ上田さんに、ラグビーの素晴らしさをたくさんたくさん伝えて欲しかったのに、と、いまなお、悔しくてたまらない。

## ラグビーワールドカップへの期待と不安

すったもんだの末、新国立競技場の建て替え計画が見直しとなり、それに伴って、19年9月開催のラグビーワールドカップには間に合わないことも発表された、2015年、夏。計画の白紙撤回が決まる前の批判噴出期間、計画を見直せない一因として、ラグビーワールドカップに間に合わないから、ということがあったせいで、何やらラグビーが悪者になりかけている、みたいな報道があった。もちろんそれは八つ当たりに近いくだらない話でしかなかったが、いちラグビーファンとして言わせてもらえれば、残念ながらいまの日本でラグビーってそんなもんよ、ということだったと思っている。

　ラグビーのワールドカップって何？　日本でやるの？　いいじゃんラグビーなんてもっとどっかちっちゃいとこでやれば。そしたら計画見直す時間あるんじゃないの？　声に出したか出さなかったかは別として、そう思った人がすくなからずいただろうということは想像に難くないし、悔しいけどあながち頷けない話でもなかったからだ。

　ラグビーのワールドカップが日本で開催されると決まったのは09年。うれしかったけど、お客さん入るかなあとちょっと心配だった。その後、東京オリンピックが決まり、国立競技場を建て替えることになり、新国立をまずはラグビーワールドカップで使う、ということになった時も、いやーそれはめでたい、でも、は、はちまんにん!?　と思った。

　それでも、なんかわかんないけど見に来ちゃいましたとか、招待券もらったからなんとなくとかでいいから、とにかくラグビーって何？　っていう人がひとりでも多く、世界レベルで選び抜かれ鍛え抜かれた大男たちがものすごいスピードで走ったり、死ぬ、それ絶対死ぬ、という勢いでぶつかり合うのを見たり、ハカ、と呼ばれる、奇妙で、それでいてどうしようもなく胸が熱くなる戦いの前の舞を見たりしながら、へーラグビーって意外と面白いねーと思ったり、昔ラガーマンだったというおじいちゃんが急に家族の尊敬の的になったり、足遅いからサッカーは無理だけどこれならやれるかもと思う少年がいたり、そういうことだけできっと十分開催の価値はあるな、どっちにしてもはちまんにんは開幕戦とか決勝とか何試合もないだろうし、偉い人たちがあの手この手裏の手総動員でとにかく埋めるでしょ、と思っていた。ところが、大前提だった新国立という話題性ありきの集客作戦が、真っ先に暗礁に乗り上げた。

## スタジアムは、所詮、箱である

森喜朗という口の減らないおじいさんがラガーマンなのかどうかは知らない。前回注目を浴びたのは、ソチ五輪での浅田真央選手の演技について余計なことを言った時だったと記憶している。今回の建て替え騒動でも口を滑らせ続けてさんざん顰蹙を買った挙句、会見で「大変迷惑している」と文句を言っているのをニュースで見た。新国立についてああしろこうしろ言ったことはないし発言権もない、要するにいっこもオレのせいじゃない、と、不機嫌そうにまくし立てていた。

あのね、つい最近までラグビー協会の会長で、同時に東京オリンピック組織委員会の会長、新国立で開催されるはずだったふたつの世界的スポーツイベントの両方の重要な組織の会長が関係ないじゃ済まないんだよ普通は、と怒りを通り越して呆れ果てながらふと考えた。迷惑？　ほんとうに「大変迷惑している」のは、一体誰だ。

19年日本での開催が思わぬかたちで注目されてしまったが、ラグビーワールドカップは、ひとつ前のイングランド大会が、これを書いている時点で約2ヶ月後に迫っている。サッカーと違って注目度は低いけれど、来たるべき自国開催に向けてすこしでも弾みをつけるべく、選手も現場の関係者も必死で直前の準備期間を過ごしているはずだ。私が選手だったら間違いなくキレる。責任者出てこいと暴れる。そして言う。「この大事な時期にごちゃごちゃ揉められたら迷惑なんだよ‼」。

森さんに限らず、今回の騒動の中で責任ある立場の誰かひとりでも、ラグビーやオリンピックの選手と競技関係者に対して、公式な場で襟を正して真摯に謝罪した人がいるのか。もしいたなら、メディアは正義漢ぶって犯人探しをしたり叩きやすいヤツを叩く前に、それを大々的に報じたのか。ワールドカップにせよオリンピックにせよ国を挙げてやるものだから、政治をゼロにしろとは言わない。でも、最大の当事者であるはずのアスリートへのリスペクト無くして、どんな立派な競技場も、お・も・て・な・し、も、茶番でしかない。私が気に入らないのはその一点だ。

スタジアムは、所詮、箱である。才能にあふれた建築家がどれだけ美しい建物を建てたとしても、そこで走る人がいなければただの箱である。４Ｋで見ても駄目なものは駄目だし、ハイレゾで聴いてもつまらないものはつまらない。それらは単なるテクノロジーで、中身のクオリティを左右するものではない。ではほんとうに大切なものは、何か。

最近、Apple Musicという音楽配信サービスが話題になっている。毎月一定の料金で、iTunesに登録されている膨大な量の音楽が聴き放題というのは、多くの音楽ファンにとって魔法のようなサービスだが、音楽家にとっては自分の作ったものがひと山幾らで叩き売られるせつなさとジレンマに満ちている。もはや音楽は限りなくタダに近いと思い知らされながら、心血注いでいい音楽を作れというのはあまりにも乱暴な話だ。時代とともにかたちは変わる。でも、ものを作る側がむなしさに心折れてしまったら元も子もないと思うのは、私が運悪く音楽家だからなのだろうか。

スタジアムはApple Musicに、アスリートは音楽家に似ている、と思った。どちらも巨大な箱である。その箱に人が振り回されている。アスリートも音楽家も置き去られ、そして、何を創造したわけでもなく、その箱を作った（作る）というだけの人たちが、未来だのレガシーだの言いながら安穏としている。体張って走るということを、何もないところから何かを産み出すということを、なめるなよ。私が気に入らないのはそれだけだ。

## 失って初めて知る大切

現実問題として、ラグビーワールドカップ日本大会のメインスタジアムは、おそらく招致の際のプレゼン通り横浜の日産スタジアムということになるだろう。な、ななまんにせんにん!? と、相変わらず私はドキドキだけど。

組織委員会の事務総長は、新国立での開催が消え、残念だとため息をついたという。災い転じて福となす、となるよう取り組んでいく、とも言ったという。その通り、チャンスじゃないですか、と思う。私なら、不本意とは言え注目を浴びてしまったこの機を逃さず、ありとあらゆるメディアを使って発信する。「ラグビーというスポーツは、たとえ雑草だらけの空き地でやってもその美しさが損なわれることはありません。ラグビーは、ボールを自分より後ろに投げながら前進し、勝ち負けではなく勇敢さを競う競技です。新しいスタジアムで開催出来ないことは残念ですが、どこで開催されることになっても、多くの方々に見ていただく価値があると信じます」と、胸を張って言う。

私たちは、あと幾つ失えるのだろう。失って初めて知る大切を、あと幾つ失えば、私たちは気づくことが出来るようになるのだろう。いつか時が経って、この喪失に満ちた夏を振り返る時、それでも種は蒔かれていた、と思うことが出来るだろうか。それでもアスリートは走り、音楽家は希望の歌を歌い続けているだろうか。

# あとがき

本文の中にも書いたが、私はまだアナログ盤だった時代に音楽に恋をして、音楽家を夢見て、幸いにもデビューを果たした。時代はすでにコンパクトディスクへと移っていたけれど、自分の歌をかたちに残すという夢は叶えることが出来た。そこから20年以上が経って、さらに時代は進み、CDというかたちも、もうそんなに先は長くないかも、と思うくらい様変わりした昨今。でも、おととし20周年を迎えた時に出した記念のアルバムはちょうど20タイトル目だったわけで、20枚も作ってもう思い残すことないでしょと言われれば、はいそうですねと答えるべきなのかもしれないな、などと思いつつ。ま、もうあと何枚か作りたいけど。

「徹マガ」の連載をきっかけに、書籍化という思いもよらない事態となり、こうしてあとがきを書きながらも、まだ、ほんとかなあ、とか思っている。小学校の作文に始まり、文章を書くのはずっと好きだった。でも同じくらい読むことも好きで、それで十分だと思っていたし、私は欲張りだけど、いちおう分はわきまえているつもりなので、音楽家として世に出たものの、そこで成功するという夢は、まあいまいちなかなか叶わないけど、とにかくアルバムという足跡を残しながらいまも歌っているのだから、それ以外のことであまり贅沢言ったらいかんよ、と思ってきたのかもしれない。でもこういうことになってあらためて、これは、ずっと、奥深く奥深くにあった夢だったなと思う。だから、いまとてもうれしい。これも本文の中に書いたが、だからどうなる、何がどうなる、とか考えたら、モノを作るなんてことはやれない。長くあたためてきたスポーツへの恋心、それがかたちになったことがただただうれしい。

この歳になって叶う夢もあるんだなあと、しみじみ思う。人生はたいがいろくでもないけど、捨てたもんでもない。

そして、CDという形態同様、紙の本、の未来も揺れつつある今日この頃。私は活字ジャンキーなので、結果的に電子になったらそれはそれで読むけど、気に入った本は読み終わったあと抱きしめたくなるので、ああよかった、間に合ってよかった、と思っている。

音楽は仕事だが、書くことに於いてはただの人なので、選手にインタビュー出来るわけでなし、こまめに現場に足を運べるわけでもない。ここに収められた文章はどれも、時々いち観客として観戦に行きながら、ほとんどがテレビで見たりニュースで読んだりした、スポーツと、スポーツを通して見える感情や風景、動いた心、そのときどきの私の気持ちで見えたものに、妄想と想像（時々皮肉や悪態）をより合わせながら書いたものだ。自信があるのは、ありったけの愛情を込めて書いた、ということだけ。言葉が届いていない点も、見る目が確かでない点もきっとあると思うが、拙い筆をお許しいただきつつ、スポーツを愛する人にも、そうでない人にも、伝わるものがありますようにと願うばかりである。

子どもを書くのは難しい。子どもが介在すると、たいていのことは「いい話」になるからだ。ＳＮＳにアップされた子どもの写真やエピソードに突っ込めない感じと似ている。反応が限定される感じが、窮屈だなと時々思う。なので、自分の仕事に関わる面では子どもはなるべく切り離したいと思っているのだが、ちょうど徹マガの連載を始めた頃、小学校5年生だった息子のサッカーがあまりにも面白くて、つい書いたのが「うたかたロケンローラー」である。幸いおおむねご好評をいただいたが、息子本人は未読につき、実はドキドキしている（笑）。本になったから、読んでごらんって言ってみようかな。反抗期とやらの気配に満ちたちゅういちなので、イヤだって言われるかな。でもいつか読んでほしいなと思う。そしてきみがいつだって希望そのものなんだっていうことを、忘れないでいてほしいと、ちいさく願う。

そのように、存在ごとネタになってくれた息子を始め、多くのひとたちにあらためて心からの感謝を。

写真家・ノンフィクションライターにして「徹マガ」主筆の宇都宮徹壱さん。連載を始めた時から、いつか本にしましょう！　と言ってくださって、私は頷きながら、いやーそんなことがあったらステキだけどたぶんないなー、なんて思っていたのだが、宇都宮さんの熱意と、そのあと徹マガを通して知り合った「ミスター・バイタリティ」ことライターのカルロス矢吹くんの文字通りバイタリティあふれる尽力によって、今年の春、あれよあれよと話は進んだ。出版が決まった時、おふたりが我が事のように喜んでくれたこと、一生忘れないと思う。影の立役者である両氏に、胸いっぱいの感謝とハグを。

締め切りがないと書かないので！　とお願いして締め切りを設定していただいたにもかかわらず、さっぱりやってこない原稿を待ち続け、励まし続けてくださった花伝社担当編集者の佐藤さん。ありがとうございました。次はがっつりカープを書きますので（笑）。

同じく毎度毎度これでもかとばかりギリギリに原稿を入れ、しかも往生際悪く修正や差し替えをしたがる私に辛抱強くお付き合いくださっている徹マガ編集長澤山大輔さん始め、徹マガスタッフにもこの場を借りて御礼申し上げたい。時々叱ってくださ い(笑)。寛大なる徹マガ読者の皆さんと、徹マガからいただいたご縁の数々にも感謝を。今後ともどうぞ末永く。

幾人かの心ある同僚ミュージシャンたち。かつてのスタッフ諸氏。私が将来を嘱望される新人だった時も、野に放たれたポンコツシンガーとなってからも、変わらぬ愛情をくれる友人たち。ずっと、たくさん、ありがとう。これからも。

息子と息子のサッカーを通じて出会った同僚母たち、父たちに感謝を。そして愛すべきうたかたロケンローラーたち。あなたたちがいなかったら、決して知ることの出来なかった美しい光と影、そのすべてに感謝を。

父と母。本の虫の遺伝子はこのふたりから。ありがとうございます。ふたりが生きてるうちに本屋さんに並ぶ本を作れてよかった(笑)。やさしい妹夫婦と、癒し系の息子たちである猫のらい、てん、まる、犬のなぎにも愛を。

私の強さも弱さもいちばん近くで見ながら、叱咤激励しつつ、時事談義、スポーツ談義の中でいつもインスピレーションを与えてくれる、対戦相手でありチームメートでもあるウチのダンナに満天の感謝を。夫婦というのは、たったふたりで長い長いリーグ戦を戦っていくものなんだなあと思う。おつかれさま、お互いさま、これからもどうぞよろしく。

最後に、私の歌を支持し、私の言葉を愛し、いつも待ち続けてくれるひとたち、そして、いまこの本を通じて私と出会ってくれたひとたちに感謝を。この本に書かれているのは、フィールドから、スタジアムから、リングから流れてきた歌を、私の言葉で文章に直したものです。あなたの胸にメロディが届きますように。もし届いたら、この紙の本を抱きしめてやってください。

2015年夏。あらためて勝者でも敗者でもなく、継続者として。

篠原美也子

篠原美也子（しのはら・みやこ）
1966年東京生まれのシンガーソングライター。
17歳から曲作りとピアノ弾き語りによるライブ活動開始。93年デビュー。15年までにセルフカバーを含む20枚のアルバムを発表。時にやさしく時に鋭い歌詞と繊細なメロディは、世代を選ばず多くの共感を呼び、ライブパフォーマンスに於いても力強い歌声でオーディエンスを魅了し続けている。02年結婚・出産。一男の母。
ジャンルを問わないスポーツウォッチャーぶりが縁となり、宇都宮徹壱氏主筆の有料メールマガジン「徹マガ」通巻第20号＆21号にインタビューゲストで登場。13年秋同誌にて「篠原美也子の月イチ雑食観戦記」連載スタート。現在も継続中。

Official Website “room493”
http://www.room493.com

**スポーツに恋して――感傷的ウォッチャーの雑食観戦記**

2015年11月20日　初版第1刷発行

著者 ――― 篠原美也子
発行者 ―― 平田　勝
発行 ――― 花伝社
発売 ――― 共栄書房
〒101-0065　東京都千代田区西神田2-5-11出版輸送ビル2F
電話　03-3263-3813
FAX　03-3239-8272
E-mail　kadensha@muf.biglobe.ne.jp
URL　http://kadensha.net
振替 ―――00140-6-59661
イラスト―― 篠原美也子
印刷・製本― 中央精版印刷株式会社


ISBN978-4-7634-0757-3 C0095